ANTICRISTO

Arrebatamiento

IRA De DIOS

OBSERVA AL PUEBLO DE ISRAEL Y VERAS LA VENIDA DE JESUCRISTO

RAMÓN L. MOLINA JIMÉNEZ

ISBN-13: 978-1499692730
ISBN-10: 1499692730

Email: ramonapologia@gmail.com

Dedicatoria

Dedico este libro con mucho amor a:

Glorimar Reyes

Mi amada esposa Glorimar, quien me ha acompañado
por treinta años en el ministerio que Dios puso sobre
nuestras vidas. Juntos hemos vivido muchas
experiencias y a través de toda esta trayectoria siempre
nuestro amado Dios nos ha acompañado y sostenido.

Vanessa, Ramón y Brenda

Mis adorados hijos, que son el fruto del amor de nuestra
familia. Quienes nos han colmado de alegrías y
actualmente somos una gran familia con cinco
preciosos nietos,

Livángeli, Yeniel, Iandel, Jacob y Joharys.

Y mi querida comunidad de fe, la Iglesia Dios es Bueno
del pueblo de Caguas, Puerto Rico

Mi amor para todos ellos.

Contenido

Introducción

Para muchos el futuro es incierto, los seres humanos están invadidos de temores e inseguridad. Las expectativas del futuro están inalcanzables y no hay esperanza. Existe una incertidumbre cada día y en su desesperación, muchos corren como avalancha tras las predicciones del futuro, buscando respuestas para sus vidas. Lamentablemente en los grupos religiosos se ha levantado un movimiento de llamados profetas, que están llenando los oídos de sus oyentes con falsas predicciones. Ellos pretenden ser los portavoces del mensaje divino, pero la realidad es que son farsantes que a través de sus decretos y declaraciones, lo que proyectan es la adivinación, la presunción y el mentalismo. Son falsos profetas y no están trayendo el verdadero mensaje de Dios. Son como Sedequías, que profetizaba victoria al rey Acab y todo eran puras mentiras, hasta dramatizaba con unos cuernos la victoria y todo eran palabras mentirosas. (2 Crónicas 18:10).

La palabra profética, que es la más segura para poder entender la voluntad de Dios, lamentablemente ha sido sustituida. "Tenemos también la palabra profética más segura, a la cual hacéis bien en estar atentos como una antorcha que alumbra en lugar oscuro, hasta que el día esclarezca y el lucero de la mañana salga en vuestros corazones, entendiendo primero esto, que ninguna profecía de la Escritura es de interpretación privada, porque nunca la profecía fue traída por voluntad humana, sino que los santos hombres de Dios hablaron siendo inspirados por el Espíritu Santo" (2 Pedro 1:19-21).

Cuando cualquiera de los profetas interpretaba una situación histórica o decía como se iba a desarrollar la historia, no estaba expresando una opinión propia, sino comunicando una revelación que Dios le había dado. En el Antiguo Testamento, la señal de que un profeta era falso era que hablaba por sí mismo. Los profetas no hablaban por su propia capacidad, ni proclamaban lo que ellos mismos deseaban que sucediera, sino lo que Dios decía. Los falsos profetas están más interesados en hacerse populares que en decir la verdad. Su política es decirle al pueblo lo que ellos quieren oír. Diógenes, el gran filósofo cínico, hablaba de los falsos maestros de su tiempo cuyo método consistía en seguir lo que condujera al aplauso de la multitud. Una de las primeras características del falso profeta es que lo que le dice a la gente es lo que ésta quiere oír y no la verdad que necesita oír.

Los falsos profetas van tras la ganancia personal. Como dijo Miqueas, sus sacerdotes enseñan por precio, ellos adivinan por dinero (Miqueas 3:1). Estos enseñan por ganancias deshonestas e identifican la piedad con la ganancia, convirtiendo a la religión en un negocio sucio. Podemos ver a estos explotadores en la obra primitiva. En la Didaje, La Enseñanza de los Apóstoles, que es lo que podríamos llamar el primer reglamento de la Iglesia, se establece que el profeta o apóstol que pide dinero es un falso profeta. Traficantes de Cristo llama a los tales La Didaje. Los falsos profetas son tipos codiciosos que ven en las personas presas que pueden explotar para sus propios fines (Comentario del Nuevo Testamento, William Barclay, página 1020).

No hay duda que las profecías concernientes a los últimos tiempos son de mucha importancia para los estudiantes de la Biblia. Todo esto es producto de la certeza de todo lo que Dios ha dicho y se ha cumplido a través de la historia. Ese futuro que está controlado por Dios, nos ha dado de antemano las condiciones del mundo y de la Iglesia en estos postreros días. Predijo un mundo de espaldas a Él y un desenfreno de vida por causa del pecado. La Biblia nos dice que en los postreros días Jesucristo sería desechado por esta generación y por otro lado la apostasía dentro de la Iglesia.

"Lo que pasó, ya antes lo dije, y de mi boca salió; lo publiqué, lo hice pronto, y fue realidad...te lo dije ya hace tiempo; antes que sucediera te lo advertí" (Isaías 48:3-5). Nada ocurre sin que Dios lo revele, publica las cosas antes que sucedan y advierte a los seres humanos para que tomen las medidas correctas. Lo que Dios ha determinado hacer, ocurrirá a su debido tiempo y no tardará en hacerlo. Dios le revela a sus siervos las cosas que El determina hacer y esto con el fin de que sus portavoces anuncien y amonesten al pueblo para que se preparen. Dios no hará nada sin que la divina revelación sea transmitida a sus profetas.

El propósito de este libro es poder advertir y revelar al pueblo los sucesos que acontecerán en los últimos días. Las Sagradas Escrituras tienen una gama de información valiosísima que nos habla claramente de los sucesos que ocurrirán. No podemos hacer caso omiso a esta revelación que Dios ha dado en sus Escrituras. Leer y oír lo predicho por el Señor es una bienaventuranza. También es el deseo comunicar a través de la interpretación lo que ha sido revelado. Recordando a los lectores que no soy profeta, sino que simplemente interpreto y también que no soy infalible. Por otro lado existen muchos en la Iglesia que ya no hablan de los eventos y sucesos finales y como consecuencia no hablan ni de la Venida de Cristo.

"Acordaos de las cosas pasadas desde los tiempos antiguos; porque yo soy Dios, y no hay otro Dios y nada hay semejante a mí, que anuncio lo por venir desde el principio, y desde la antigüedad lo que aún no era hecho; que digo: Mi consejo permanecerá, y haré todo lo que quiero" (Isaías 46:9,10). El futuro nuestro Dios lo ha estado hablando desde hace muchos años. De manera que lo que está sucediendo no es algo que estaba oculto a nuestros ojos, por el contrario, una y otra vez Dios nos ha estado amonestando. Lo que Dios ha determinado se hará y se cumplirá.

"Porque no hará nada Jehová el Señor, sin que revele su secreto a sus siervos los profetas" (Amós 3:7).

Es interesante saber que Dios cuenta con sus siervos y les revela sus secretos y sus designios.

CAPÍTULO 1
Visión del Futuro

Sueño olvidado

En el libro del profeta Daniel se habla de un sueño que tuvo el rey de Babilonia, Nabucodonosor y esto fue en el año 604 a. C. que era el segundo año de su reinado. Este sueño vino de parte de Dios. Al rey de Babilonia le vinieron pensamientos por saber lo que había de ser en lo por venir y el sueño es la revelación de Dios mostrando lo que ha de ser en lo por venir.

"Tu, oh rey, veías, y he aquí una gran imagen. Esta imagen, que era muy grande, y cuya gloria era muy sublime, estaba en pie delante de ti, y su aspecto era terrible. La cabeza de esta imagen era de oro fino; su pecho y sus brazos, de plata; su vientre y sus muslos, de bronce; sus piernas, de hierro; sus pies, en parte de hierro y en parte de barro cocido. Estabas mirando, hasta que una piedra fue cortada, no con mano, e hirió a la imagen en sus pies de hierro y de barro cocido, y los desmenuzó" (Daniel 2:31-34).

Daniel le revela al rey Nabucodonosor el sueño y también la interpretación del mismo. Esta imagen es el medio que Dios usa para mostrarle lo que había de ser en lo por venir. La cabeza de oro era el reino de Babilonia. Luego, representando el pecho y los brazos de plata, sería otro reino que surgiría después de Babilonia. Este reino hoy sabemos que fueron los Medo-Persas que conquistaron a Babilonia. Luego vendría un tercer reino del vientre y sus muslos de bronce. Este tercer reino fue Grecia con Alejandro Magno. El cuarto reino de las piernas de hierro, fue el imperio romano.

El quinto reino que representa los pies y los dedos de barro y hierro, será un reino dividido. Este reino será uno en que se mezclarán por medio de alianzas humanas. Esto será un convenio, no será una conquista militar sino unos acuerdos entre unas personas. Estarán aliados pero no unidos, como el barro no se une con el hierro. Esta alianza humana será de diez reyes en representación de los diez dedos de los pies.

Es durante este quinto reino, de los diez reyes en alianza, que vendrá Cristo y lo destruirá y levantará un reino que nunca tendrá fin (Daniel 2:44). Daniel afirmó que el sueño era verdadero y fiel su interpretación. El vio en el año 604 a. C. el futuro de los reinos que habría en el mundo y el final de ellos. Cuando en Europa, el antiguo imperio romano, surja una coalición de diez reyes entonces podremos afirmar que ha llegado el fin.

Bestias feroces

En el año 556 d. C. Daniel tuvo un sueño donde vio cuatro bestias grandes, diferentes una de otra. Ahora, a través de este sueño Dios prepondera en revelar lo por venir y los acontecimientos del futuro. Este sueño de Daniel es lo mismo del sueño de Nabucodonosor, sólo que de diferente manera.

"La primera era como león, y tenía alas de águila. Yo estaba mirando hasta que sus alas fueron arrancadas, y fue levantada del suelo y se puso enhiesta sobre los pies a manera de hombre, y le fue dado corazón de hombre. Y he aquí otra segunda bestia, semejante a un oso, la cual se alzaba de un costado más que del otro, y tenía en su boca tres costillas entre los dientes; y le fue dicho así: Levántate, devora mucha carne.

Después de esto miré, y he aquí otra, semejante a un leopardo, con cuatro alas de ave en sus espaldas; tenía también esta bestia cuatro cabezas; y le fue dado dominio. Después de esto miraba yo en las visiones de la noche, y he aquí la cuarta bestia, espantosa y terrible y en gran manera fuerte, la cual tenía unos dientes grandes de hierro; devoraba y desmenuzaba, y las sobras hollaba con sus pies, y era muy diferente de todas las bestias que vi antes de ella, y tenía diez cuernos.

Mientras yo contemplaba los cuernos, he aquí otro cuerno pequeño salía entre ellos, y delante de él fueron arrancados tres cuernos de los primeros; y he aquí que este cuerno tenía ojos como de hombre, y una boca que hablaba grandes cosas. Estuve mirando hasta que fueron puestos tronos, y se sentó un Anciano de días... Miraba yo en la visión de la noche, y he aquí con las nubes del cielo venía uno como un hijo de hombre, que vino hasta el Anciano de días, y le hicieron acercarse delante de él. Y le fue dado dominio, gloria y reino, para que todos los pueblos, naciones y lenguas le sirvieran; su dominio es dominio eterno, que nunca pasará, y su reino uno que no será destruido" (Daniel 7:4-14).

La interpretación

Estas cuatro bestias son cuatro reyes que se levantarán en la tierra (Daniel 7:17). Después recibirán el reino los santos del Altísimo, y poseerán el reino hasta el siglo, eternamente y para siempre (Daniel

7:18). Estos reinos son Babilonia, Medo-Persa, Grecia, Roma y el quinto reino que son los diez reyes que representan los dedos de los pies de la imagen y los diez cuernos de la última bestia.

"La cuarta bestia (Roma) será un cuarto reino en la tierra, el cual será diferente de todos los otros reinos, y a toda la tierra devorará, trillará y despedazará. Y los diez cuernos significan que de aquel reino (Roma) se levantarán diez reyes; y tras ellos se levantará otro, el cual será diferente de los primeros, y a tres reyes derribará" (Daniel 7:23-24).

Observamos que Daniel vio cuatro bestias que representaban cuatro reinos. Estos reinos son Babilonia, Medo-Persa, Grecia y Roma. Lo que Daniel nos revela es que de la cuarta bestia que es el cuarto reino (Roma) surgirá un reino compuesto de diez reyes. Los diez cuernos que son los diez reyes estaban en la cabeza de la cuarta bestia. Lo que nos indica que el quinto reinado, que está compuesto de diez reyes, tiene que surgir de lo que era el imperio romano, la cuarta bestia. Es igual que los diez dedos de los pies de la imagen que vio Nabucodonosor, los pies y dedos era una mezcla de hierro y barro. El hierro significa la fuerza del imperio cuarto (Roma) y el barro la alianza de diez reyes, una mezcla. Pero que este último imperio que está compuesto de diez reyes tiene que surgir del cuarto imperio, Roma. Es durante este último reinado que surgirá en Roma (la actual Europa), que vendrá Cristo a establecer su reino eternal. Esto quiere decir que estos diez reyes serán diez mandatarios de diez naciones en Europa los cuales harán una alianza y se mezclarán con unos fines y propósitos entre sí.

Las diez naciones

En el sueño que tuvo Nabucodonosor concerniente a una imagen, los diez dedos de los pies representan diez reyes que se levantarán de lo que era el imperio romano. De igual manera, los diez cuernos de la bestia del sueño de Daniel representan a los diez reyes que surgirán del imperio romano.

La profecía establece que de donde era el imperio romano surgirá una confederación de diez estados. En la actualidad estamos viendo lo que podría ser esa confederación de los diez reyes, con el surgimiento en Europa (lo que era antes Roma) de una Europa Unida. En el 1957 surgió la Unión Europea.

"Y los diez cuernos que has visto, son diez reyes que aún no han recibido reino; pero por una hora recibirán autoridad como reyes juntamente con la bestia. Estos tienen un mismo propósito, y entregarán su poder y su autoridad a la bestia" (Apocalipsis 17:12-13). Estos diez reyes, que serán del imperio romano revivido, les darán su poder y autoridad al anticristo. Este será el último imperio en la tierra.

Basándonos en la profecía, deducimos que si esta Unión Europea es el cumplimiento de estos reyes, lo natural será que independientemente cuántos países hayan en la actualidad, surgirán algunos cambios para que posteriormente la Unión Europea conste solamente de diez naciones.

Sabemos que algo ocurrirá y a la postrimería sólo quedarán diez y posiblemente uno más que es el cuerno pequeño, representado por el anticristo.

CAPÍTULO 2
Las Setenta Semanas

En el año 538 a. C., el primero de Darío, Daniel escudriñó el número de los años que habló Jehová al profeta Jeremías, que habían de cumplirse las desolaciones de Jerusalén en setenta años. Aquí durante este tiempo Daniel y su pueblo se encontraban cautivos por Babilonia. Mediante el estudio, Daniel entendió que la cautividad duraría setenta años y que entonces serían liberados.

Fue entonces cuando el ángel Gabriel le trajo una orden y una visión. En ella le dice a Daniel que habrá un periodo de tiempo de 70 semanas de años. Lo que indica que serán 70 x 7 = 490 años.

Daniel tenía que entender dos cosas muy importantes: la orden, que era lo que ocurriría en ese periodo de tiempo y la visión, cómo se iba a desarrollar todo (Daniel 9:23).

Esos 490 años estaban determinados sobre tu pueblo (Israel) y sobre tu santa ciudad (Jerusalén) (Daniel 9:24). Así que la profecía era concerniente al pueblo de Israel y a Jerusalén la ciudad. En su explicación, Gabriel dividió las 70 semanas en un término de siete semanas (49 años), otro término de sesenta y dos semanas (434 años) y otro de una semana (7 años).

¿Qué era lo tenía que suceder? El propósito de las 70 semanas era:

1. Terminar la prevaricación. Terminar con la transgresión de Israel, que ha faltado voluntariamente a la obligación del cargo que desempeña, no siendo obedientes a Dios. Este concepto de terminar se refiere a que, aunque Cristo vino para libertar de las transgresiones a los seres humanos, no obstante Israel no ha creído en el sacrificio de Cristo.

2. Poner fin al pecado y expiar la iniquidad. Israel actualmente sigue en su pecado e iniquidad porque no ha aceptado el medio de salvación, al Mesías Jesús. No solamente están sin el Mesías, y tampoco están dedicando sacrificios y ofrendas por sus pecados.

3. Justicia perdurable. Justicia eterna en la presencia de Dios que solamente se puede obtener recibiendo a Jesús como salvador personal.

4. Sellar la visión y la profecía. Concluir con todas las profecías traídas por los profetas y confirmarlas con la Venida de Cristo.

5. Ungir al Santo de los Santos. Establecer el reino de Cristo como Rey de reyes y Señor de señores.

Cuando examinamos con sinceridad, nos damos cuenta que esta orden determinada sobre Israel y Jerusalén no tiene aún cumplimiento en el tiempo actual.

Vemos que las semanas fueron divididas. Si la intención hubiese sido que durante esos 490 años todo iba a ocurrir simultáneamente, se hubiese dicho que desde la salida para construir a Jerusalén hasta la muerte del Mesías, todo ocurriría y ya. Pero vemos que Gabriel explica que desde la salida de la orden para restaurar y edificar a Jerusalén hasta el Mesías Príncipe (Jesucristo), sería de la siguiente manera; desde la orden de edificar que fue en el año 456 a. C. hasta su construcción, habrá 7 semanas (49 años). En el 407 a. C. fue terminada la construcción. Desde la terminación de la restauración de Jerusalén hasta el Mesías habrá 62 semanas (434 años). Estos años se cumplen con la revelación del Mesías y su ministerio. Después de estos 434 años se le quitará la vida al Mesías (Daniel 9:26). Vemos profetizada la muerte de Cristo y el tiempo cuando habría de ocurrir.

En Daniel 9:26 el ángel Gabriel establece que, después de la muerte del Mesías, vendrá un pueblo donde posteriormente vendrá un príncipe, y este pueblo destruirá nuevamente a Jerusalén y al santuario.

La muerte del Mesías fue aproximadamente en el año 28 d. C. La visión presenta el año 70 d. C., cuando los romanos destruyeron la ciudad y el templo de Israel. "Y caerán a filo de espada y serán llevados cautivos a todas las naciones; y Jerusalén será hollada por los gentiles, hasta que los tiempos de los gentiles se cumplan" (Lucas 21:24).

El pueblo del príncipe que ha de venir es Roma. De Roma vendrá un príncipe y éste hará un pacto en el futuro de una semana (siete años). Vemos que la última semana de las setenta fue dejada para el futuro y cuando se cumpla esa semana todo el decreto y la orden serán cumplidos. Observe que la expresión y por otra semana, da a entender que esa última semana está separada de las anteriores.

En la destrucción de la ciudad, que se cumplió en el año 70 d. C., entonces se usa la expresión "hasta el fin", lo cual indica un periodo que no es determinado. A Daniel solamente le fue revelado que guerras y desolaciones habrían de continuar.

En Daniel 9:26 establece que el pueblo (Roma) de un príncipe que ha de venir destruiría la ciudad y el santuario. El entonces alude que cuando vieran a Jerusalén rodeada de ejércitos habría llegado el cumplimiento de su destrucción.

Cuando Daniel dio esta profecía fue alrededor del año 538 a. C. y en este tiempo el templo de Salomón ya había sido destruido. Lo que indica la profecía que el templo será edificado y destruido por los romanos y eventualmente será construido de nuevo para el fin de los tiempos. Donde el príncipe que ha de venir confirmará el pacto con Israel durante un periodo de siete años y a la mitad de la semana profanará el santuario (Daniel 9:27; Daniel 12:11).

De manera que en la profecía de Daniel 9:24-27 se describe que las 70 semanas que estaban determinadas sobre el pueblo de Israel y sobre la ciudad de Jerusalén, concluirían con un pacto en la última semana. Daniel nos habla de la reconstrucción del templo y luego la destrucción del mismo y de Jerusalén (Daniel 9:26). Esto ocurrió en el año 70 d. C. por el pueblo romano. Después de muchas guerras se deduce que el santuario será reconstruido y que un príncipe que surge del imperio romano hará un pacto de siete años, que es la última semana y a la mitad de la semana romperá el pacto (Daniel 9:26-27). Este cumplimiento de la última semana todavía no ha sucedido. Pero cuando esta última semana surja, es entonces que toda la profecía tendrá su cumplimiento.

CAPÍTULO 3
El Hombre Perverso y Malvado

El anticristo surgirá del imperio romano renovado. "Me acerqué a uno de los que asistían, y le pregunté la verdad acerca de todo esto. Y me habló, y me hizo conocer la interpretación de las cosas. Estas cuatro grandes bestias son cuatro reyes que se levantarán en la tierra. Después recibirán el reino los santos del Altísimo, y poseerán el reino hasta el siglo, eternamente y para siempre. Entonces tuve deseos de saber la verdad acerca de la cuarta bestia, que era tan diferente de todas las otras, espantosa en gran manera, que tenía dientes de hierro y uñas de bronce, que devoraba y desmenuzaba, y las sobras hollaba con sus pies; asimismo acerca de los diez cuernos que tenía en su cabeza, y del otro que le había salido, delante del cual habían caído tres; y este mismo cuerno tenía ojos, y boca que hablaba grandes cosas, y parecía más grande que sus compañeros... Dijo así: La cuarta bestia será un cuarto reino en la tierra, el cual será diferente de todos los otros reinos, y a toda la tierra devorará, trillará y despedazará. Y los diez cuernos significan que de aquel reino (Roma) se levantarán diez reyes; y tras ellos se levantará otro, el cual será diferente de los primeros, y a tres reyes derribará". (Daniel 7:16-24).

Estas bestias son cuatro reyes que se levantarían en la tierra; actualmente sabemos quiénes son: Babilonia, Medo-Persa, Grecia y Roma. Daniel dice que del cuarto reino, que es Roma, se levantarán diez reyes y tras ellos otro el cual será el anticristo. Vemos que es de Roma que se levantarán los reyes y el próximo que es el anticristo (Daniel 7:24).

En Daniel 9:26 dice: "...y el pueblo de un príncipe que ha de venir destruirá la ciudad y el santuario". Este pueblo que destruyó la ciudad y el santuario fue Roma en el año 70 d. C. De manera que el príncipe que vendrá será de ese imperio romano.

"Y los diez cuernos que has visto, son diez reyes, que aún no han recibido reino; pero por una hora recibirán autoridad como reyes juntamente con la bestia. Estos tienen un mismo propósito, y entregarán su poder y su autoridad a la bestia" (Apocalipsis 17:12-13). Estos diez reyes son los mismos que representan a los diez dedos de los pies de la imagen de Daniel 2 y los diez cuernos de la bestia de Daniel 7. Será el imperio romano renacido. Conforme al texto bíblico estos diez reyes surgirán en un mismo tiempo.

Hará pacto con Israel y profanará el santuario

El anticristo engañará al pueblo de Israel haciendo con ellos un pacto de siete años. A la mitad de los siete años profanará el santuario y se proclama ser Dios. Dice en 2 Tesalonicenses 2:3,4: "Nadie os engañe en ninguna manera; porque no vendrá sin que antes venga la apostasía, y se manifieste el hombre de pecado, el hijo de perdición, el cual se opone y se levanta contra todo lo que se llama Dios o es objeto de culto; tanto que se sienta en el santuario de Dios como Dios, haciéndose pasar por Dios".

Vemos que profana el santuario y se sienta dentro del santuario en el lugar santísimo como si él fuera Dios y haciéndose pasar por Dios. Este evento se le conoce como la abominación desoladora que habló Daniel. A esto se refirió Jesús cuando dijo: Cuando veáis en el lugar santo la abominación desoladora, huyan (Mateo 24:15).

El anticristo viene por obra de Satanás

"Inicuo cuyo advenimiento es por obra de Satanás, con gran poder y señales y prodigios mentirosos" (2

Tesalonicenses 2:9) "Y adoraron al dragón (Satanás) que había dado autoridad a la bestia (anticristo)" (Apocalipsis 13:4) "Y el dragón (Satanás) le dio su poder y su trono y grande autoridad" (Apocalipsis 13:2).

Pablo hablando del anticristo, el hombre de pecado lo llama el misterio de la iniquidad (2 Tesalonicenses 2:7). Cuando Pablo habla de Jesús lo llama el misterio de la piedad y ese misterio de la piedad es que Dios fue manifestado en carne (1 Timoteo 3:16). Por tanto, cuando se habla de que el anticristo es el misterio de la iniquidad, lo que indica es que Satanás se manifestará en carne en la persona del anticristo.

Engañará a la gente

Vendrá "con gran poder y señales y prodigios mentirosos, y con todo engaño de iniquidad para los que se pierden, por cuanto no recibieron el amor de la verdad para ser salvos" (2 Tesalonicenses 2:9,10).

El anticristo será destruido por el Señor Jesucristo

"Y entonces se manifestará aquel inicuo, a quien el Señor matará con el espíritu de su boca, y destruirá con el resplandor de su venida" (2 Tesalonicenses 2:8).

"Pelearán contra el Cordero, y el Cordero los vencerá, porque él es Señor de señores y Rey de reyes; y los que están con él son llamados y elegidos y fieles" (Apocalipsis 17:14).

"Y vi la bestia, a los reyes de la tierra y a sus ejércitos, reunidos para guerrear contra el que montaba el caballo, y contra su ejército. Y la bestia fue apresada, y con ella el falso profeta que había hecho delante de ella las señales... Estos dos fueron lanzados vivos dentro de un lago de fuego que arde con azufre" (Apocalipsis 19:19,20).

Pacto con la muerte

"Por cuanto habéis dicho: Pacto tenemos hecho con la muerte, e hicimos convenio con el Seol; cuando pase el turbión del azote, no llegará a nosotros, porque hemos puesto nuestro refugio en la mentira, y en la falsedad nos esconderemos... Y será anulado vuestro pacto con la muerte, y vuestro convenio con el Seol no será firme; cuando pase el turbión del azote, seréis de él pisoteados" (Isaías 28:15,18).

Este pacto que Israel hará con la muerte, será con el príncipe que ha de venir, quien confirmará el pacto con muchos (Daniel 9:26,27). Este príncipe que surgirá del imperio romano restablecido, será el anticristo. Y es con el pacto de Israel con el anticristo que dará inicio la semana última de las 70 semanas. Es a través de este pacto que Israel pensará que estará en paz y seguridad. "Que cuando digan: Paz y seguridad, entonces vendrá sobre ellos destrucción repentina, como los dolores a la mujer encinta, y no escaparán" (1 Tesalonicenses 5:3).

Este pacto será de paz y seguridad; durante los primeros tres años y medio el anticristo se mostrará agradable y dará confianza al pueblo de Israel. Pero a la mitad de la semana se mostrará tal y cual es. El santuario será edificado en el Monte Moriah en Jerusalén. "Y por otra semana confirmará el pacto con muchos; a la mitad de la semana (3 ½ años) hará cesar el sacrificio y la ofrenda" (Daniel 9:27), "Y desde el tiempo que sea quitado el continuo sacrificio hasta la abominación desoladora, habrá mil doscientos noventa días" (Daniel 12:11) "Y se levantarán de su parte tropas que profanarán el santuario y la fortaleza, y quitarán el continuo sacrificio, y pondrán la abominación desoladora" (Daniel 11:31).

Jesús claramente establece que donde se pondrá la abominación desoladora será en el lugar santo (en el santuario). "Por tanto, cuando veáis en el lugar santo la abominación desoladora de que habló el profeta Daniel (el que lee, entienda)" (Mateo 24:15).

En el libro de Apocalipsis, donde habla de los eventos de los últimos tiempos, se reconoce la existencia del santuario. "Levántate, y mide el santuario de Dios, y el altar, y a los que adoran en él. Pero el patio que está fuera del santuario déjalo aparte, y no lo midas, porque ha sido entregado a los gentiles; y ellos hollarán la ciudad santa (Jerusalén) cuarenta y dos meses (3 ½ años)" (Apocalipsis 11:1,2).

En la visión de Daniel, de las cuatro bestias en el capítulo 7 de su libro, cuando habla del cuerno pequeño se refiere al anticristo. Veamos el tiempo cuando este personaje pensará cambiar los tiempos y la ley. "Y hablará palabras contra el Altísimo, y a los santos del Altísimo quebrantará, y pensará en cambiar los tiempos y la ley; y serán entregados en su mano hasta tiempo, y tiempos, y medio tiempo (3 ½ años). Pero se sentará el Juez, y le quitarán su dominio para que sea destruido y arruinado hasta el fin, y que el reino, y el dominio y la majestad de los reinos debajo de todo cielo, sea dado al pueblo de los santos del Altísimo, cuyo reino es reino eterno, y todos los dominios le servirán y obedecerán" (Daniel 7:25-27).

Es luego de la última semana que Dios establecerá su reino y los santos de Dios reinarán por siempre. La Biblia prepondera y da a entender que la última semana de siete años está totalmente relacionada con el último tiempo y la Venida de Jesucristo. A la mitad de la semana el anticristo perseguirá al pueblo de Israel y se revelará contra él. En Apocalipsis capítulo 12, habla sobre el dragón que persigue a la mujer y vemos que la mujer huyó al desierto donde será sustentada por tres años y medio. Esta mujer del capítulo 12 de Apocalipsis representa al pueblo de Israel. "Y la mujer huyó al desierto, donde tiene lugar preparado por Dios, para que allí la sustenten por mil doscientos sesenta días" (3 ½ años) (Apocalipsis 12:6). Esto fue lo que el Señor dijo, cuando vean en el lugar santo la abominación desoladora "huyan". Y también lo que habló Daniel, que el cuerno pequeño hacía guerra contra los santos y los vencía (Daniel 7:21).

En Apocalipsis 13:5-7 dice: "También se le dio boca que hablaba grandes cosas y blasfemias; y se le dio autoridad para actuar cuarenta y dos meses (3 ½ años). Y abrió su boca en blasfemias contra Dios, para blasfemar de su nombre, de su tabernáculo, y de los que moran en el cielo. Y se le permitió hacer guerra contra los santos, y vencerlos. También se le dio autoridad sobre toda tribu, pueblo, lengua y nación." Todo este pasaje bíblico se refiere al anticristo que tomará autoridad en el último tiempo. Y es después de los primeros tres años y medio que se revelará tal cual es, el hombre de pecado, el hijo de perdición. Tal como fue profetizado, hará un pacto de siete años y a la mitad de los siete años profanará el santuario y desde ese tiempo en adelante se mostrará su verdadera identidad.

Nota: El término tiempo, tiempos y medio tiempo es tiempo = 1 año, tiempos = 2 años y medio tiempo = ½ año para un total de 3 ½ años. Compare Apocalipsis 12:6 con 12:14.

Daniel habló y dijo que el fin de todo será después de esos tres años y medio. "¿Cuándo será el fin de estas maravillas?... Será por tiempo, tiempos, y la mitad de un tiempo (3 ½ años)" (Daniel 12:6,7).

Nota: Este pacto de paz que constará de siete años posiblemente será algo mundial, donde muchos países del mundo entrarán en una alianza bajo un reposo de siete años. Las naciones del mundo se sentirán seguros cuando se firme este pacto e Israel también creerá lo mismo. Pero es entonces que surgirán los principios de dolores de parto al mundo y no escaparán (Mateo 24:8; 1 Tesalonicenses 5:3). Tanto los principios de dolores como luego la gran tribulación serán eventos mundiales. Toda la tierra será impactada por los eventos que vendrán. Este pacto será el anticristo quien lo promueva, dándole alternativas al mundo. Pero esa paz será ficticia, todo lo contrario, cuando digan paz y seguridad entonces surgirán en el mundo grandes conflictos bélicos, nación contra nación y reino contra reino.

La cosa repugnante

El término abominación (del hebreo, *siggus*) se usa para designar ídolos, imágenes de ídolos, emblemas, símbolos u otros objetos idolátricos o paganos en general. "Por tanto, cuando veáis en el lugar santo la abominación desoladora de que habló el profeta Daniel" (Mateo 24:15).

Jesús está hablando acerca de las profecías de Daniel que hablaban concerniente a la abominación desoladora. Este evento dará comienzo a la gran tribulación. Cuando observamos el libro de Daniel nos percatamos de que la abominación desoladora está relacionada con el anticristo.

"Y los diez cuernos significan que de aquel reino se levantarán diez reyes; y tras ellos se levantará otro, el cual será diferente de los primeros, y a tres reyes derribará. Y hablará palabras contra el Altísimo, y a los santos del Altísimo quebrantará, y pensará en cambiar los tiempos y la ley; y serán entregados en su mano hasta tiempo, y tiempos, y medio tiempo" (Daniel 7:24, 25).

"Y por otra semana confirmará el pacto con muchos; a la mitad de la semana hará cesar el sacrificio y la ofrenda. Después con la muchedumbre de las abominaciones vendrá el desolador, hasta que venga la consumación, y lo que está determinado se derrame sobre el desolador" (Daniel 9:27).

"Y se levantarán de su parte tropas que profanarán el santuario y la fortaleza, y quitarán el continuo sacrificio, y pondrán la abominación desoladora" (Daniel 11:31).

"Y desde el tiempo que sea quitado el continuo sacrificio hasta la abominación desoladora, habrá mil doscientos noventa días" (Daniel 12:11).

La abominación desoladora es cuando el anticristo se proclame Dios y ponga el ídolo en el santuario en Jerusalén, Jesús está hablando claramente sobre la última semana de siete años.

Pablo nos habla al respecto

"Nadie os engañe en ninguna manera; porque no vendrá sin que antes venga la apostasía, y se manifieste el hombre de pecado, el hijo de perdición, el cual se opone y se levanta contra todo lo que se llama Dios o es objeto de culto; tanto que se sienta en el santuario de Dios como Dios, haciéndose pasar por Dios" (2 Tesalonicenses 2:3,4).

Juan nos dice

"Mandando a los moradores de la tierra que le hagan imagen a la bestia" (Apocalipsis 13:14). "Si alguno adora a la bestia y a su imagen, y recibe la marca en su frente o en su mano, él también beberá del vino de la ira de Dios" (Apocalipsis 14:9).

Será que cuando el anticristo profane el santuario reconstruido, vendrá sobre la humanidad la gran tribulación, que es la ira de Dios.

Paz y seguridad

"Pero acerca de los tiempos y de las ocasiones, no tenéis necesidad, hermanos, de que yo os escriba. Porque vosotros sabéis perfectamente que el día del Señor vendrá así como ladrón en la noche; que cuando digan: Paz y seguridad, entonces vendrá sobre ellos destrucción repentina, como los dolores a la mujer encinta, y no escaparán" (1 Tesalonicenses 5:1-3).

"Recordemos que <día> no significa aquí un espacio de tiempo de 24 horas. Sino un extenso periodo de tiempo, que comienza con la gran tribulación e incluye los acontecimientos de la Segunda Venida de Cristo y el reino milenario en la tierra" (Ryrie) (Henry 1989, 306.)

El Apóstol Pablo menciona los tiempos y las ocasiones (v.1). Los tiempos indica los momentos del tiempo como lo van señalando los relojes, mientras que ocasiones se refiere a fechas especiales. El Apóstol expresa que ellos estaban bien orientados en cuanto a los tiempos. La orientación es tal que el Señor vendrá como ladrón en la noche, inesperadamente, de sorpresa. Pero ese evento inesperado y sorpresivo será luego que digan Paz y Seguridad.

Como ya había avisado el Señor, Pablo hace notar que el día del Señor vendrá del mismo modo que un ladrón en la noche, esto es, cuando menos se espere. El Apóstol advierte que ese día del Señor, con su aspecto especialmente primitivo, de castigo a los malhechores, vendrá cuando se crean seguros (v.3). Además, las señales que, según anunció el Señor, mostrarán que se halla cerca, pasarán desapercibidas para los mundanos, los cuales, como en los días de Noé y Sodoma, estarán dedicados a sus actividades habituales, confiados en su indiferencia ante lo espiritual, despreocupados en cuanto al juicio venidero (Henry 1989, 307).

Esta paz y seguridad están relacionadas con el anticristo. Cuando éste tome control con su sagacidad y engaño, prometerá seguridad al mundo (2 Tesalonicenses 2:8-10). Y es entonces que vendrá destrucción repentina como los dolores a la mujer encinta (Mateo

24:5-8). Observe que Pablo especifica que cuando los hombres estén diciendo paz y seguridad, entonces será que vendrá como ladrón en la noche, cuando menos lo esperen.

Pero a la iglesia vigilante aquel día no le va a sorprender. Porque estará velando y siendo sobria. Y cuando venga Cristo como ladrón, entonces se derramará la ira de Dios. "Mas vosotros, hermanos, no estáis en tinieblas, para que aquel día os sorprenda como ladrón. Porque todos vosotros sois hijos de luz e hijos del día; no somos de la noche ni de las tinieblas. Por tanto, no durmamos como los demás, sino velemos y seamos sobrios" (1 Tesalonicenses 5:4-6).

Al cristiano vigilante que procura conocer los tiempos, aquel día no lo va a sorprender. Él conocerá claramente los tiempos que se estarán viviendo. Estos cristianos no viven una vida de pecado e ignorancia espiritual. Todo lo contrario, viven en luz y esa luz es su característica distintiva. El creyente debe estar velando, es decir estar en pie, firme como un centinela, aunque los demás se hallen postrados en el sueño de la indiferencia. Debe de ser sobrio, no dejarse llevar por ninguna pasión y que pueda dominarse a sí mismo, y esto en el poder del Espíritu Santo.

La semana de siete años empezará su marcha cuando Israel haga el pacto de paz con el anticristo.

Surgirá un hombre del imperio romano revivido, éste será un rey altivo de rostro y entendido en enigmas y tendrá mucho poder más no con fuerza propia. Con su sagacidad hará prosperar el engaño en su mano y en su corazón se engrandecerá, y sin aviso destruirá a muchos (Daniel 8:23-24). Entonces Israel tomará la decisión de hacer un pacto de siete años. Y es entonces que la profecía llegará a su fin.

Cuando esto ocurra, los entendidos entenderán. Posiblemente este pacto se hará notorio y el mundo sabrá del mismo. Este pacto pondrá a correr el reloj de los últimos siete años para la conclusión de todas las cosas.

El Apóstol Pablo afirmó a la iglesia que ellos sabían perfectamente que el Señor vendría como ladrón en la noche pero que este evento sería posterior a cuando dijeran paz y seguridad. No cabe duda que Pablo estableció que la Venida de Cristo sería luego que el anticristo hiciera el pacto de paz con Israel. Y eventualmente vendría la destrucción repentina sobre la humanidad, dando a entender que surgirá la ira de Dios, que es la gran tribulación. De igual manera el Apóstol Pedro nos dice: "Pero el día del Señor vendrá como ladrón en la noche; en el cual los cielos pasarán con grande estruendo, y los elementos ardiendo serán deshechos, y la tierra y las obras que en ella hay serán quemadas" (2 Pedro 3:10). Pedro presenta la Venida de Cristo como ladrón e inmediatamente presenta los juicios de Dios sobre la tierra, dando a entender que ambos eventos son simultáneos, relacionados uno con el otro.

En 2 Tesalonicenses 2:1-4, Pablo amonesta a la iglesia y les dice que la Venida de Cristo y nuestra reunión con él será luego que venga la apostasía y se manifieste el hombre de pecado, el hijo de perdición (el anticristo). De manera que tanto Pablo como Pedro relacionan la aparición del anticristo el arrebatamiento y la ira de Dios. Es con el pacto entre Israel y el anticristo que comenzarán los siete últimos años, y al comenzar a correr esos siete años, comenzarán los principios de dolores de parto con el anticristo (Mateo 24:8; Apocalipsis 6:1-16). Pero la destrucción repentina como los dolores de mujer encinta y no escaparán, (1 Tesalonicenses 5:3), será la ira de Dios sobre el mundo (Apocalipsis 6:17).

CAPÍTULO 4
Satanás Hecho Carne

"Pero con respecto a la venida de nuestro Señor Jesucristo, y nuestra reunión con él, os rogamos, hermanos, que no os dejéis mover fácilmente de vuestro modo de pensar, ni os conturbéis, ni por espíritu, ni por palabra, ni por carta como si fuera nuestra, en el sentido de que el día del Señor está cerca. Nadie os engañe en ninguna manera; porque no vendrá sin que antes venga la apostasía, y se manifieste el hombre de pecado, el hijo de perdición" (2 Tesalonicenses 2:1-3).

Aquí se está refiriendo al momento en que el Señor vendrá por los suyos. Está claro por la frase "y nuestra reunión con él". Pablo presenta tres puntos de los que había surgido la alarma. Les exhorta a permanecer firmes en sus convicciones y no dejarse mover de su modo de pensar. Ni por espíritu, esto es por la declaración de alguien que pretendía haber tenido una revelación especial acerca de la venida del Señor. Ni por palabra, es decir, por un mensaje que se predicase con base en una supuesta revelación. Ni por carta como de nosotros, esto es por una falsa interpretación de algo que Pablo había dicho.

El Apóstol declara que antes de que venga el Señor, han de ocurrir cosas que la iglesia tenía que saber. Viene la apostasía, una revuelta agresiva contra Dios, la cual preparará el camino para la aparición del hombre de pecado. Entonces se revelará el hombre de pecado. "El cual se opone y se levanta contra todo lo que se llama Dios o es objeto de culto; tanto que se sienta en el templo de Dios como Dios, haciéndose pasar por Dios" (2 Tesalonicenses 2:4). Anticristo tiene dos sentidos antí-contra, en lugar de. De manera que se revelará contra Jesucristo, porque él sabe que Jesucristo es Dios y al cual la iglesia le rinde culto. El hombre de pecado estará en contra de Jesús y usurpará el nombre de Cristo, haciéndose pasar por Dios.

Dos cosas tienen que ocurrir antes de la Venida de Cristo. La primera, la apostasía y la segunda, la revelación del anticristo. Que el anticristo tenía que venir, no se trata meramente de un predicador, sino de algo que pertenecía a la predicación apostólica común. El anticristo estaba profetizado. "Hijitos, ya es el último tiempo; y según vosotros oísteis que el anticristo viene"

(1 Juan 2:18). "y este es el espíritu del anticristo, el cual vosotros habéis oído que viene" (1 Juan 4:3). Pablo establece la revelación del hombre de pecado, el hijo de perdición y está refiriéndose al anticristo. En 2 Tesalonicenses 2:5 Pablo les dice "¿No os acordáis que cuando yo estaba todavía con vosotros, os decía esto?". De manera que el mensaje de que venía el anticristo era un mensaje común. Pablo lo había hablado más de una vez. Por tanto en Apocalipsis capítulo 4 no es el arrebatamiento porque el anticristo aún no había venido.

Pero en Apocalipsis capítulo seis, donde se desprenden los sellos, el primer sello es la revelación del anticristo. Luego de la revelación del anticristo, al abrirse el sexto sello, se proclama la ira de Dios, que es el comienzo de la gran tribulación. Esto es antes de derramar su ira que marca a los 144 mil y después vemos la multitud inmensa que nadie podía contar en el cielo, esta es la iglesia arrebatada. Es después de arrebatar la iglesia que comienzan los juicios de Dios.

Muchos quieren aplicar que la gran multitud estaba en la gran tribulación y en algún momento salieron de ella. Pero es en Apocalipsis capítulo ocho, donde se abre el séptimo sello y es entonces que aparecen los ángeles con las trompetas para comenzar los juicios de Dios. Por tanto, es de entenderse que sistemáticamente la gran muchedumbre salió de la gran tribulación antes de que ella empezara. En la Biblia Interlineal del griego al español dice en Apocalipsis 7:14 que éstos son los que vienen de la gran tribulación, como si el evento estuviera ocurriendo en ese mismo momento, antes de comenzar la gran tribulación y éstos que salen, que es la iglesia, no pasarán por la gran tribulación.

El anticristo negará que Jesús sea el Cristo. Negará que Jesús sea el Dios hecho carne. La función del anticristo es negar la divinidad de Jesús (1 Juan 2:22). No obstante pretenderá ser Dios (2 Tesalonicenses 2:4). El hombre de pecado, que será el anticristo, se revelará. Este vendrá a ser el hijo de perdición. El hijo de perdición es el misterio de la iniquidad (2 Tesalonicenses 2:7). Jesucristo fue el misterio de la piedad, "Dios manifestado en carne". El vino a ser el hijo de Dios (1 Timoteo 3:16). El hijo de perdición que es el misterio de la iniquidad, será el anticristo que se constituirá en el hijo de Satanás.

Conforme a lo que Pablo habla en 2 Tesalonicenses 2, nos dice sobre el misterio de la iniquidad que existe algo que lo detiene y no lo deja manifestarse. Pero cuando ese algo sea quitado de en medio, entonces ese inicuo será revelado (2 Tesalonicenses 2:7,8). Lo primero que sucederá es que vendrá el hombre de pecado. Este hará un pacto con el pueblo de Israel, ofreciéndoles paz y seguridad. Durante los primeros tres años y medio de los siete años, él se mostrará como un hombre de paz y alternativas. A la mitad de la semana, él quitará los sacrificios del santuario. Luego profanará el santuario, poniendo la abominación desoladora que habló el profeta Daniel. Esto es lo que dice Mateo 24:15-16: "Por tanto, cuando veáis en el lugar santo la abominación desoladora de que habló el profeta Daniel (el que lee, entienda), entonces los que estén en Judea huyan". Este evento dará comienzo a la gran tribulación. Luego de la profanación del santuario, será arrebatada la iglesia (Mateo 24:21).

Cuando la iglesia se vaya, es cuando lo que detenía al misterio de la iniquidad será quitado del medio. Luego que la obra del Espíritu Santo en la iglesia salga de este mundo, entonces se manifestará el hijo de perdición. Observe, primero vendrá el hombre de pecado y éste profanará el santuario. Luego la iglesia será llevada al cielo. Después viene la segunda fase, cuando el hombre de pecado se constituirá en el misterio de la iniquidad, el hijo de perdición. Este inicuo, su venida es de acuerdo a la actividad de Satanás, con todo poder, y señales, y prodigios mentirosos (2 Tesalonicenses 2:9).

En Apocalipsis 11 aparecen los dos testigos. Estos comenzarán su ministerio en los primeros tres años y medio de los siete años. Cuando el anticristo haga el pacto con Israel, los dos testigos entrarán en acción. En este tiempo ya el santuario estará construido (Apocalipsis 11:1,2). Las naciones hollarán la ciudad santa por 42 meses que son tres años y medio. Los dos testigos tendrán un ministerio de 1,260 días, que son tres años y medio. A los tres años y medio el anticristo los matará (Apocalipsis 11:7). De manera que el anticristo vencerá a los dos testigos y quitará los sacrificios del santuario.

En el capítulo 12 de Apocalipsis, aparece una mujer que representa al pueblo de Israel. También aparece un dragón rojo que tenía siete cabezas y diez cuernos, y en sus cabezas había siete diademas (Apocalipsis 12:3). Este dragón es Satanás, las siete cabezas los reinos existentes hasta entonces. Estos son Egipto, Asiría, Babilonia, Medo-Persa, Grecia, Roma y el séptimo el anticristo con los diez reyes. Los diez cuernos, los diez reyes que se levantarán del imperio romano. Observen que las diademas estaban en las cabezas, porque todavía los diez reyes no habían tomado el poder.

La mujer dio a luz un hijo varón que ha de regir a todas las naciones, con vara de hierro; y su hijo fue llevado arriba a Dios y a su trono (Apocalipsis 12:5). Este hijo varón representa a Cristo y a su iglesia que es su cuerpo. Este evento surge luego de la muerte de los dos testigos y la profanación del santuario. El hijo fue llevado al trono de Dios, este es el traslado de la iglesia

A los tres años y medio que se profane el santuario y la iglesia se vaya, Satanás será echado a la tierra (Apocalipsis 12:7-9,12). Es entonces, cuando sea arrojado a la tierra, que Satanás le dará su poder al hombre de pecado (Apocalipsis 13:2-4). Es aquí que se complementa el misterio de la iniquidad, Satanás hecho carne. Al anticristo se le dio autoridad para actuar durante cuarenta y dos meses (3 ½ años) (Apocalipsis 13:5). Mientras la gran tribulación está sobre el mundo, el anticristo estará engañando a la gente. "Y vi subir del mar una bestia que tenía siete cabezas y diez cuernos; y en sus cuernos diez diademas; y sobre sus cabezas, un nombre blasfemo" (Apocalipsis 13:1). Cuando se presentó el dragón (Satanás) eran primero siete cabezas y diez cuernos. Ahora al darle Satanás el poder al anticristo son diez cuernos con diademas y siete cabezas. Porque los diez cuernos serán los diez reyes que se unirán al anticristo en el último tiempo, y este será el último imperio que habrá en la tierra.

Durante los primeros tres años y medio el anticristo será el hombre de pecado, pero luego cuando Satanás le dé su poder, entonces será el misterio de la iniquidad; Satanás manifestado en carne. Este se manifestará contra el pueblo de Israel y actuará tres años y medio.

Durante la gran tribulación, estará la manifestación del misterio de la iniquidad. Este vendrá "con todo engaño de iniquidad para los que se pierden, por cuanto no recibieron el amor de la verdad para ser salvos. Por esto Dios les envía un poder engañoso, para que crean la mentira, a fin de que sean condenados todos los que no creyeron a la verdad, sino que se complacieron en la injusticia" (2 Tesalonicenses 2:10-12).

Surgimiento del anticristo

En Daniel 7, se habla de los imperios que se levantarán en la tierra. La cuarta bestia será un cuarto reino, el cual será diferente de todos los otros reinos, y a toda la tierra devorará, trillará y despedazará (Daniel 7:23). Este cuarto reino es Roma y los diez cuernos significan que de aquel reino (Roma) se levantarán diez reyes y tras ellos se levantará otro, el cual será diferente de los primeros, y a tres reyes derribará (Daniel 7:24). Lo que indica la profecía es que del imperio romano se levantarán diez reyes y luego otro rey y éste será el anticristo. En Apocalipsis presentan estos diez reyes unidos en un mismo tiempo, no en tiempos diferentes. "Y los diez cuernos que has visto, son diez reyes, que aún no han recibido reino; pero por una hora recibirán autoridad como reyes juntamente con la bestia. Estos tienen un mismo propósito, y entregarán su poder y su autoridad a la bestia" (Apocalipsis 17:12-13).

Conforme a la profecía, no cabe duda que el anticristo y el último imperio de diez reyes surgirán del antiguo imperio romano.

¿De dónde surgirá el anticristo? ¿De qué país?

En Daniel 8 la profecía aclara con algunos detalles de dónde surgirá el anticristo. Daniel tuvo una visión de un carnero que tenía dos cuernos. "Mientras yo consideraba esto, he aquí un macho cabrío... tenía un cuerno notable... y llegó junto al carnero, y se levantó... se engrandeció sobremanera; pero estando en su mayor fuerza, aquel gran cuerno fue quebrantado, y en su lugar salieron otros cuatro cuernos notables hacia los cuatro vientos del cielo. Y de uno de ellos salió un cuerno pequeño, que creció mucho al sur, y al oriente, y hacia la tierra gloriosa. Y se engrandeció hasta el ejército del cielo; y parte del ejército y de las estrellas echó por tierra, y las pisoteó. Aún se engrandeció contra el príncipe de los ejércitos, y por él fue quitado el continuo sacrificio, y el lugar de su santuario fue echado por tierra. Y a causa de la prevaricación le fue entregado el ejército junto con el continuo sacrificio; y echó por tierra la verdad, e hizo cuanto quiso, y prosperó" (Daniel 8:2-12).

La interpretación

"He aquí yo te enseñaré lo que ha de venir al fin de la ira; porque eso es para el tiempo del fin" (Daniel 8:19). La visión tenía que ver con el tiempo del fin y del día de la ira de Dios. "En cuanto al carnero que viste, que tenía dos cuernos, estos son los reyes de Media y de Persa. El macho cabrío es el rey de Grecia, y el cuerno grande que tenía entre sus ojos es el rey primero. Y en cuanto al cuerno que fue quebrado, y sucedieron cuatro en su lugar, significa que cuatro reinos se levantarán de esa nación (Grecia), aunque no con la fuerza de él. Y al fin del reinado de éstos, cuando los transgresores lleguen al colmo, se levantará un rey altivo de rostro y entendido en enigmas" (Daniel 8:20-23).

La profecía hablaba del reinado de los Medo-Persas y luego el reinado de Grecia, con Alejandro. Luego vinieron los sucesores de Alejandro, que fueron cuatro reinos. Los cuatro generales de Alejandro dividieron el reino de la siguiente manera: uno fue Frigia, la actual Bulgaria y parte de Rumania; otro fue Macedonia, que es Grecia y Turquía; el tercero, Siria que es Siria, Iraq e Irán y el cuarto Egipto que es Egipto, Arabia y Palestina. Y al fin del reinado de éstos, cuando los transgresores lleguen al colmo, se levantará un rey altivo de rostro y entendido en enigmas (Daniel 8:23).

Lo importante es que de los sitios de los cuatro reinos fue que creció el rey altivo de rostro que es el anticristo. Aunque la aparición del anticristo sería del imperio romano, notamos que ahora aparece de donde era el imperio griego. Lo que pasa es que las naciones dominadas por Grecia fueron más tarde conquistadas por los romanos. Por tanto, la intención de esta visión es darnos la oportunidad de hallar el país de donde surgiría el anticristo.

En Daniel 11 nos da la razón de esta realidad de dónde surgiría el anticristo. En los primeros versículos del capítulo 11 se menciona la batalla entre Medo-Persia y Grecia, la victoria de Grecia y su división en cuatro reinos.

En los versículos siguientes se presentan unas guerras del rey del Norte y el rey del Sur. El rey del Norte es Siria y el rey del Sur es Egipto. Todo este capítulo concluye con la profanación del santuario y la gran tribulación. Por tanto, la conclusión es que el anticristo surgirá de la parte oriental del imperio romano. Es decir, que de los territorios que dominaba Grecia, de uno de ellos saldrá el anticristo. Si Siria es la conclusión del rey del Norte del capítulo 11, podemos deducir que será de Siria. De no ser así, entonces la profecía lo que da a entender que surgirá de Grecia.

El gran aprovechador (Ezequiel 38 y 39)

"Así ha dicho Jehová el Señor: ¿No eres tu aquel de quien hablé yo en tiempos pasados por mis siervos los profetas de Israel, los cuales profetizaron en aquellos tiempos que yo te había de traer sobre ellos?" (Ezequiel 38:17).

Los hombres de Dios que hablaron, mencionan a un hombre que vendrá en contra de Israel en los últimos días. Aquí se menciona como Gog, pero entendemos que ellos se referían al anticristo.

El reino del anticristo serán las tierras de Magog, Mesec, Tubal, Gomér y Togamar. Todos estos vienen de la descendencia de Jafet, el segundo hijo de Noé. De éstos se poblaron las costas (Génesis 10:2-5). Ellos poblaron las tierras que hoy se conocen como Europa.

Veamos que este personaje que viene con gran ejército es el anticristo. "De aquí a muchos días serás visitado; al cabo de años vendrás a la tierra salvada de la espada, recogida de muchos pueblos, a los montes de Israel, que siempre fueron una desolación; mas fue sacada de las naciones, y todos ellos morarán confiadamente" (Ezequiel 38:8). El anticristo invadirá a Israel, esto acontecerá a los tres años y medio cuando profane el santuario.

"Vendrás de tu lugar, de las regiones del norte, tú y muchos pueblos contigo, todos ellos a caballo, gran multitud y poderoso ejército, y subirás contra mi pueblo Israel como nublado para cubrir la tierra; será al cabo de los días; y te traeré sobre mi tierra, para que las naciones me conozcan, cuando sea santificado en ti, oh Gog, delante de sus ojos" (Ezequiel 38:15-16).

De estas regiones del norte será el imperio romano revivido. Es aquí, donde era el imperio romano, que surgirá una confederación de diez reyes que le darán su poder al anticristo (Apocalipsis 17:12-13). El anticristo es el príncipe que habría de venir, que surgirá del imperio romano (Daniel 9:26).

"En aquel tiempo, cuando venga Gog contra la tierra de Israel, dijo Jehová el Señor, subirá mi ira y mi enojo. Porque he hablado en mi celo, y en el fuego de mi ira: Que en aquel tiempo habrá gran temblor sobre la tierra de Israel; que los peces del mar, las aves del cielo, las bestias del campo y toda serpiente que se arrastra sobre la tierra, y todos los hombres que están sobre la faz de la tierra, temblarán ante mi presencia; y se desmoronarán los montes, y los vallados caerán, y todo muro caerá a tierra. Y en todos mis montes llamaré contra él la espada, dice Jehová el Señor; la espada de cada cual será contra su hermano. Y yo litigaré contra él con pestilencia y con sangre; y haré llover sobre él, sobre sus tropas y sobre los muchos pueblos que están con él, impetuosa lluvia, y piedra de granizo, fuego y azufre" (Ezequiel 38:18-22).

Todo describe la ira de Dios sobre el anticristo y concluye con la guerra de Armagedón. "Di a las aves de toda especie, y a toda fiera del campo: Juntaos y venid; reuníos de todas partes a mi víctima que sacrifico para vosotros, un sacrificio grande sobre los montes de Israel; y comeréis carne y beberéis sangre. Comeréis carne de fuertes y beberéis sangre de príncipes de la tierra; de carneros, de corderos, de machos cabríos, de bueyes y de toros... Y os saciaréis sobre mi mesa, de caballos y de jinetes fuertes y de todos los hombres de guerra, dice Jehová el Señor" (Ezequiel 39:17-20). Compare con Apocalipsis 17:17-19. Vea Joel 3:1-2, 11-15 y Sofonías 3:8.

"En aquel tiempo, cuando mi pueblo Israel habite con seguridad, ¿no lo sabrás tú?" (Ezequiel 38:14). Esta pregunta es convincente, cuando mi pueblo habite con seguridad, esto será cuando al comienzo de los siete años el anticristo haga un pacto con Israel y les prometerá paz y seguridad. Por tanto, él sabrá muy bien cuando Israel estará creyendo que posee seguridad.

Es entonces que a la mitad de la semana se manifestará tal cual es, el hijo de la perdición.

¿Quiénes serán los ejércitos que vendrán con el anticristo sobre Israel? Serán el anticristo y los diez reyes del imperio romano restaurado. Lo que hoy se conoce como la Unión Europea. Esta confederación, con el tiempo serán 10 naciones. Junto a ellos estarán:

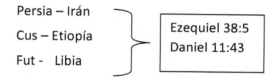

Persia – Irán
Cus – Etiopía
Fut - Libia

Ezequiel 38:5
Daniel 11:43

Dios peleará por Israel. "Y enviaré fuego sobre Magog, y sobre los que moran con seguridad en las costas; y sabrán que yo soy Jehová" (Ezequiel 39:6). "Y en aquel día yo procuraré destruir a todas las naciones que vinieren contra Jerusalén" (Zacarías 12:9). "Y esta será la plaga con que herirá Jehová a todos los pueblos que pelearon contra Jerusalén: la carne de ellos se corromperá estando ellos sobre sus pies, y se consumirán en las cuencas sus ojos, y la lengua se les deshará en su boca" (Zacarías 14:12).

Luego de la batalla de Armagedón (6 años y 140 días) (Daniel 8:14), los judíos estarán enterrando los muertos por siete meses (Ezequiel 39:12-14). Luego de diez días, que completan los siete años, será el jubileo, liberación total y redención. La profecía de Daniel 9:24-27 tendrá todo su cumplimiento.

CAPÍTULO 5
La Gran Tribulación

A la luz de la Biblia, ¿Qué será la gran tribulación? ¿Por qué se le conoce como gran tribulación? Este concepto está basado en algunos pasajes bíblicos de las Escrituras. "Y será tiempo de angustia cual nunca fue desde que hubo gente hasta entonces" (Daniel 12:1). "Porque habrá entonces gran tribulación, cual no la ha habido desde el principio del mundo hasta ahora, ni la habrá" (Mateo 24:21). "Porque aquellos días serán de tribulación, cual nunca ha habido desde el principio de la creación que Dios creó, hasta este tiempo, ni la habrá" (Marcos 13:11).

Estos pasajes bíblicos expresan los eventos portentosos en los días de la gran tribulación. Ponen en relieve que los eventos que ocurrirán en aquel tiempo nunca en la historia del mundo han acontecido. El término tribulación es congoja, pena, aflicción, adversidad que padece el hombre. En el mundo, a través de la historia, han ocurrido eventos dolorosos sobre la raza humana. No obstante, estos pasajes expresan que los sucesos durante la gran tribulación no hay ningún evento que se compare a ellos. Si la Biblia establece que la tribulación será cual nunca ha habido desde el principio de la creación, entonces así será. Ni los tiempos del diluvio, ni Sodoma y Gomorra, ni el cautiverio en Egipto, ni la destrucción del templo en el 586 a. C., ni la destrucción del templo en el 70 d. C. Ni los seis mil millones de judíos que mataron en Alemania, ni los terremotos ocurridos, ni el hambre actual, ni las pestes, ni las guerras, ni la primera guerra mundial, ni la segunda guerra mundial, ni la bomba atómica, ni nada de lo que ha sucedido se podrán comparar al tiempo de la gran tribulación. Los eventos que ocurrirán durante ese tiempo serán únicos en su clase.

Muchos adjudican la gran tribulación al año 70 d. C., cuando Jerusalén y el templo fueron destruidos y donde murieron más de un millón de judíos bajo mucho sufrimiento. Pero en el tiempo de Hitler, la mortandad llegó a los 6 millones de judíos y los sufrimientos de ellos fueron mayores y hubo mucha mortandad. El Señor claramente dijo que en la gran tribulación serán días cuales no ha habido en la historia del mundo y no solamente eso, sino que nunca más habrá algo igual

(Marcos 13:19). No podemos subestimar la palabra profética, la cual nos ha hablado claramente sobre la tribulación de ese tiempo.

Comienzo de la gran tribulación

Aunque el anticristo hará un pacto con Israel de siete años, es a la mitad de los siete años (a los 3 años y siete meses) que profanará el santuario. Jesús dijo que la gran tribulación comenzará luego que el anticristo profane el santuario. Dice en Marcos 13:14-19: "Pero cuando veáis la abominación desoladora de que habló el profeta Daniel, puesta donde no debe estar (el que lee, entienda), entonces los que estén en Judea huyan a los montes. El que esté en la azotea, no descienda a la casa, ni entre para tomar algo de su casa; y el que esté en el campo, no vuelva atrás a tomar su capa. Más ¡ay de las que estén encintas, y de las que críen en aquellos días! Orad, pues, que vuestra huída no sea en invierno; porque aquellos días serán de tribulación cual nunca ha habido desde el principio de la creación que Dios creó, hasta este tiempo, ni la habrá". La gran tribulación comenzará después que el anticristo profane el santuario y esto ha de ser a la mitad de los siete años. Así que la tribulación no empieza con los siete años, sino a la mitad de los siete años. "Y desde el tiempo que sea quitado el continuo sacrificio hasta la abominación desoladora, habrá mil doscientos noventa días" (Daniel 12:11) (Tres años y siete meses). "Y por otra semana confirmará el pacto con muchos; a la mitad de la semana hará cesar el sacrificio y la ofrenda" (Daniel 9:27). A estas profecías de Daniel era que se refería Jesús cuando dijo: "Por tanto, cuando veáis en el lugar santo la abominación desoladora que habló el profeta Daniel (el que lee, entienda), porque habrá entonces gran tribulación" (Mateo 24:15-21).

La gran tribulación es la ira de Dios

Los sucesos que ocurrirán en la gran tribulación, los cuales serán eventos que nunca han ocurrido en la faz de la tierra, son los que están revelados en el libro de Apocalipsis. Luego que Jesús (el Cordero) abra el rollo que le fue dado por el que estaba sentado en el trono, se manifestará la ira de Dios sobre la tierra.

Lo que produce la ira de Dios es la maldad de los hombres. Dios tiene un trato de amor con los seres humanos, pero éstos le han dado la espalda a Dios y prefieren seguir andando en su extravío. En los tiempos de Noé, el mundo de entonces vivía en pecado y en rebelión. "Y vio Jehová que la maldad de los hombres era mucha en la tierra, y que todo designio de los pensamientos del corazón de ellos era de continuo solamente el mal" (Génesis 6:5). Notemos las características del mundo antediluviano, mucha maldad y sus pensamientos que salían de sus corazones era solamente hacer maldad. "Y se corrompió la tierra delante de Dios, y estaba la tierra llena de violencia. Y miró Dios la tierra, y he aquí que estaba corrompida; porque toda carne había corrompido su camino sobre la tierra" (Génesis 6:11-12). Fue el pecado de los seres humanos y su maldad extrema que provocó la ira de Dios sobre el mundo. Dios entonces trajo el diluvio que destruyó a los hombres y mujeres de aquellos tiempos.

En los tiempos de Sodoma y Gomorra fue igual. Aquellas ciudades desobedecieron a Dios y sus vidas estaban llenas de corrupción y pecado. Conforme al relato bíblico, cuando Abraham intercedía por aquellas ciudades ante Dios, no se encontraban ni diez justos en ellas (Génesis 18:32). Lo que indica que aquellas ciudades no tenían a Dios en su noticia. De igual manera, como en los días de Noé, los días de Sodoma y Gomorra trajeron el juicio de Dios sobre la tierra. Estas ciudades fueron destruidas con fuego y azufre de parte de Dios. "Entonces Jehová hizo llover sobre Sodoma y sobre Gomorra azufre y fuego de parte de Jehová desde los cielos; y destruyó las ciudades, y toda aquella llanura, con todos los moradores de aquellas ciudades, y el fruto de la tierra" (Génesis 19:24-25). El escritor bíblico resalta y pone en relieve que fue el mismo Dios quien destruyó aquellas ciudades. Dando a entender que el Dios santo derrama su ira cuando el pecado llega hasta su presencia.

El Apóstol Pablo en el libro a los Romanos, nos dice "Porque la ira de Dios se revela desde el cielo contra toda impiedad e injusticia de los hombres que detienen con injusticia la verdad. Pero por tu dureza y por tu corazón no arrepentido, atesoras para ti mismo ira para el día de la ira y de la revelación del justo juicio de Dios" (Romanos 1:18; 2:5).

La ira de Dios es contra toda impiedad e injusticia y cuando las personas no acuden al amor de Dios y persisten en sus pecados, entonces la ira de Dios los alcanzará. El pecado atrae la ira de Dios y este mundo actual está bajo la mira de Dios y de su ira.

Y empieza su ira

Como ya mencionamos anteriormente, la gran tribulación es la ira de Dios. La gran tribulación es la aflicción y congoja que viene al mundo por su pecado y Dios mismo traerá esa tribulación. Y esa ira de Dios tendrá su comienzo en el tiempo que el anticristo profane el santuario poniendo la abominación desoladora a la mitad de los siete años (Mateo 24:15, 21). Este juicio de Dios será sobre el mundo impío y será un juicio cual nunca ha habido en la historia del mundo ni lo habrá. Los eventos que ocurrirán en este tiempo están claramente descritos en el libro de Apocalipsis.

Por tanto, vemos que Dios tiene un tiempo donde derrama su ira sobre los hombres pecadores. Durante ese periodo de tiempo, los juicios de Dios serán desencadenados sobre la tierra y el mundo será impactado por la ira de Dios. El Apóstol Pedro hace referencia a este evento, "Pero los cielos y la tierra que existen ahora, están reservados por la misma palabra, guardados para el fuego en el día del juicio y de la perdición de los hombres impíos... Pero el día del Señor vendrá como ladrón en la noche; en el cual los cielos pasarán con grande estruendo, y los elementos ardiendo serán deshechos, y la tierra y las obras que en ellas hay serán quemadas" (2 Pedro 3:7-10). Cuando Dios derrame su ira sobre la tierra su juicio será por fuego.

La gran tribulación será la ira y el juicio de Dios sobre el mundo inicuo. "Pero los cielos y la tierra que existen ahora, están reservados por la misma palabra, guardados para el fuego en el día del juicio y de la perdición de los hombres impíos" (2 Pedro 3:7).

Desaparece un pueblo

La gran tribulación, que es la ira de Dios, es contra los pecadores y desobedientes. El Dios del cielo estará airado contra los malvados, y por causa de su maldad vendrá la ira de Dios. No obstante, la ira de Dios no es contra los creyentes.

Los creyentes serán librados de la ira. "Y esperar de los cielos a su Hijo, al cual resucitó de los muertos, a Jesús, quien nos libra de la ira venidera" (1 Tesalonicenses 1:10). "Por cuanto has guardado la palabra de mi paciencia, yo también te guardaré de la hora de la prueba que ha de venir sobre el mundo entero, para probar a los que moran sobre la tierra" (Apocalipsis 3:10). "Velad, pues, en todo tiempo orando que seáis tenidos por dignos de escapar de todas estas cosas que vendrán, y de estar en pie delante del Hijo del Hombre" (Lucas 21:36).

Para el creyente se resolvió su problema del pecado en la cruz de Cristo. Cuando el creyente recibe a Jesús como su Salvador, es perdonado totalmente. "Ninguna condenación hay para los que están en Cristo Jesús" (Romanos 8:1). "Pues mucho más, estando ya justificados en su sangre, por Él seremos salvos de la ira" (Romanos 5:9).

Jesús claramente habla de guardar a los suyos antes que venga la gran tribulación. En los tiempos de Noé, Dios guardó a Noé y a los suyos, ocho personas por todos. En los tiempos de Sodoma, Dios guardó a Lot y a su familia. En la actualidad, antes del juicio, Dios guardará a los suyos. Dios no está airado con los suyos, sino contra todo aquél que ha despreciado a Jesús su Hijo. "El que cree en el Hijo tiene vida eterna; pero el que rehúsa creer en el Hijo no verá la vida, sino que la ira de Dios está sobre él" (Juan 3:36).

Jesús prometió llevarse a su iglesia

"No se turbe vuestro corazón; creéis en Dios, creed también en mí, En la casa de mi Padre muchas moradas hay; si así no fuera, yo os lo hubiera dicho; voy, pues, a preparar lugar para vosotros. Y si me fuere y os preparare lugar, vendré otra vez y os tomaré a mí mismo, para que donde yo estoy, vosotros también estéis" (Juan 14:1-3).

La casa del Padre se encuentra en los cielos. Jesús les dijo a los suyos que había lugar para ellos en la casa de su Padre. La mansión que nuestro Padre tiene edificada para cada uno de sus hijos es eterna y destinada para los hijos inmortales de la resurrección. Y Jesús prometió venir y tomarnos para que donde Él está, nosotros también estemos, en la casa de su Padre que está en los cielos. Esto equivale a decir: Donde yo estaré en breve y para siempre, allí estaréis también en breve ustedes y para siempre; no sólo como espectadores de la gloria celestial, sino como partícipes de ella.

"Por lo cual os decimos esto en palabra del Señor: que nosotros que vivimos, que habremos quedado hasta la venida del Señor, no precederemos a los que durmieron. Porque el Señor mismo con voz de mando, con voz de arcángel, y con trompeta de Dios, descenderá del cielo; y los muertos en Cristo resucitarán primero. Luego nosotros los que vivimos, los que hayamos quedado, seremos arrebatados juntamente con ellos en las nubes para recibir al Señor en el aire, y así estaremos siempre con el Señor" (1 Tesalonicenses 4:15-17).

"He aquí, os digo un misterio; No todos dormiremos, pero todos seremos transformados, en un momento, en un abrir y cerrar de ojos, a la final trompeta; porque se tocará la trompeta, y los muertos serán resucitados incorruptibles, y nosotros seremos transformados" (1 Corintios 15:51-52).

Esta descripción que está hablando el Apóstol Pablo es la Venida de Cristo por su iglesia. En ella se describe que los muertos en Cristo, no otros muertos, serán resucitados y los vivos en Cristo serán arrebatados. Y los muertos resucitados y los vivos serán arrebatados y llevados a las nubes para recibir al Señor en el aire. Todos serán transformados recibiendo cuerpos inmortales. Serán llevados al cielo y poseerán las moradas celestiales. Este evento será simultáneo, los muertos resucitan y los vivos transformados, tanto los unos como los otros, en el mismo momento subirán a las nubes y se encontrarán con Jesús en el aire. Pablo describe esta realidad, como en un abrir y cerrar de ojos, de tan rápido que será. No hay lugar para aislar este evento. Esto ocurrirá el mismo día cuando Cristo venga a buscar a su iglesia.

Jesús guardará a los suyos en los cielos antes que venga la gran tribulación. Mientras el mundo sea sacudido por la ira de Dios, la iglesia estará en las moradas celestiales guardada por su Dios. Dios prometió guardar a la iglesia de la ira que habría de venir y esto se cumplirá cuando la iglesia sea arrebatada y llevada al cielo.

El arrebatamiento y la ira de Dios

Cristo arrebatará a la iglesia e inmediatamente vendrá la ira de Dios sobre la tierra. El arrebatamiento de la iglesia será lo que active la ira de Dios. La ira de Dios está predicha contra los seres humanos, pero Dios no derramará su ira hasta que primero saque a su iglesia de este mundo; sale la iglesia, viene la ira. El arrebatamiento desencadenará la ira de Dios.

Jesús comparó su venida con los días de Noé y de Lot. "Porque como el relámpago que al fulgurar resplandece desde un extremo del cielo hasta el otro, así también será el Hijo del Hombre en su día. Pero primero es necesario que padezca mucho, y sea desechado por esta generación. Como fue en los días de

Noé, así también será en los días del Hijo del Hombre. Comían, bebían, se casaban y se daban en casamiento, hasta el día en que entró Noé en el arca, y vino el diluvio y los destruyó a todos. Asimismo como sucedió en los días de Lot; comían, bebían, compraban, vendían, plantaban, edificaban; más el día en que Lot salió de Sodoma, llovió del cielo fuego y azufre, y los destruyó a todos. Así será el día en que el Hijo del Hombre se manifieste" (Lucas 17:24-30).

Así será el día en que el Hijo del Hombre se manifieste. ¿Cómo será el día? Como el día de Noé y de Lot. Además de las características de pecado e iniquidad, al igual que los días de Noé, Jesús está hablando cómo será el día preciso de su venida. Como fue en los días de Noé, hasta el día en que Noé entró al arca. Noé entró al arca (arrebatamiento de la iglesia) y vino el diluvio y los destruyó a todos (ira de Dios). Mas el día que Lot salió de Sodoma (arrebatamiento de la iglesia) llovió del cielo fuego y azufre y los destruyó a todos (ira de Dios) así será el día en que el Hijo del Hombre se manifieste.

Cristo explica que la venida del Hijo del Hombre por su iglesia dará comienzo al juicio de Dios sobre los inicuos tal como ocurrió en los días de Noé y en los días de Lot. La Biblia nos dice que Noé y su familia entraron al arca el mismo día que vino el diluvio sobre la tierra. "El año seiscientos de la vida de Noé, en el mes segundo, a los diecisiete días del mes, aquel día fueron rotas todas las fuentes del grande abismo, y las cataratas de los cielos fueron abiertas, y hubo lluvia sobre la tierra cuarenta días y cuarenta noches. En este mismo día entraron Noé, y Sem, Cam y Jafet hijos de Noé, la mujer de Noé, y las tres mujeres de sus hijos, con él en el arca" (Génesis 7:11-13). Fue el mismo día que Noé entró en el arca que vino el diluvio y las cataratas de los cielos fueron abiertas.

De igual manera sucedió en los días de Lot. "Y cuando los hubieron llevado fuera, dijeron: Escapa por tu vida; no mires tras ti, ni pares en toda esta llanura; escapa al monte, no sea que perezcas. Date prisa, escápate allá; porque nada podré hacer hasta que hayas llegado allí. Entonces Jehová hizo llover sobre Sodoma y sobre Gomorra azufre y fuego de parte de Jehová desde los cielos; y destruyó las ciudades, y toda aquella llanura, con todo los moradores de aquellas ciudades, y el fruto de la tierra" (Génesis 19:17, 22-25).

Luego de hablar sobre los días de Noé y de Lot, Lucas nos dice "En aquel día, el que esté en la azotea, y sus bienes en casa, no descienda a tomarlos; y el que en el campo, asimismo no vuelvas atrás. Acordaos de la mujer de Lot. Todo el que procure salvar su vida, la perderá; y todo el que la pierda, la salvará. Os digo que en aquella noche estarán dos en una cama; el uno será tomado, y el otro será dejado. Dos mujeres estarán moliendo juntas; la una será tomada, y la otra dejada. Dos estarán en el campo; el uno será tomado, y el otro dejado" (Lucas 17:31-36).

En aquel día que será como en los días de Noé y Lot. Noten que habla de que el que esté en la azotea y sus bienes en casa no descienda a tomarlos y el que esté en el campo, asimismo no vuelva atrás. Esto es lo mismo que Jesús habla concerniente a que cuando vean en el lugar santo la abominación desoladora que habló Daniel. Les dice a los judíos que huyan.

Es sumamente importante ver este cuadro profético que nos habla Lucas en el capítulo 17:31-36, donde nos habla de la Venida de Cristo y nos dice que será como los días de Noé y de Lot (Lucas 17:30). No obstante, hablando del día cuando Cristo se manifieste, será similar a los días de Noé y Lot. En los días de Noé, éste y su familia entran al arca y vino el diluvio. De igual manera Lot y su familia salen de Sodoma y Dios envió fuego y azufre sobre esas dos ciudades. Cuando habla de la Venida de Cristo por su iglesia, la compara a estos días. Si notamos, el día que Cristo venga por su iglesia, será derramada la ira de Dios que es la gran tribulación. Y esta gran tribulación comenzará cuando el anticristo profane el santuario (Mateo 24:15). Esto es así porque nos dice: "En aquel día, el que esté en la azotea, y sus bienes en casa, no descienda a tomarlos", etc. (Lucas 17:31). Estas expresiones son las mismas que ocurrirán cuando sea puesta la abominación desoladora (Mateo 24:15-21). ¿Por qué? Porque el día que la abominación desoladora profane el templo, donde el anticristo se sentará en el templo haciéndose pasar por Dios, como si él fuera Dios, en esos mismos días será el arrebatamiento. Y será derramada la ira de Dios con la gran tribulación. Por tal razón, dice que en aquella noche en una cama uno será tomado (arrebatamiento) y otro será dejado; dos moliendo juntas, una será tomada (arrebatamiento) y otra será dejada; dos en el campo, uno será tomado (arrebatamiento) y el otro dejado.

Como los judíos no han aceptado a Cristo, es por tal razón que el anticristo los engañará haciendo con ellos un pacto de siete años. Pero a la mitad de los siete años, profanará el santuario. Es durante los restantes tres años y medio que se le dará autoridad al anticristo para actuar (Apocalipsis 13:5-7). Es cuando el anticristo profane el santuario que a los judíos se les exhorta a huir de la presencia del anticristo (Apocalipsis 12:6, 14).

Pero en esos días la iglesia será arrebatada y llevada al cielo. Mientras tanto, la ira de Dios vendrá y durante la gran tribulación los judíos huirán para esconderse. Y en la gran tribulación, el anticristo estará engañando a los moradores de la tierra cuyos nombres no estaban escritos en el libro de la vida del Cordero que fue inmolado desde el principio del mundo (Apocalipsis 13:8). En Daniel podemos observar que tanto en la imagen que vio Nabucodonosor como en las bestias que vio Daniel es del cuarto reino que surgirá el quinto reino de los diez reinos. Y es durante estos diez reyes que surgirá un cuerno pequeño que será el anticristo. La cuarta bestia será un cuarto reino en la tierra…Y los diez cuernos significan que de aquel reino (Roma) se levantarán diez reyes, y tras ellos se levantará otro, el cual será diferente de los primeros, y a tres derribará.

Este cuerno pequeño (el anticristo) hablará palabras contra el Altísimo, y a los santos del Altísimo quebrantará, y pensará en cambiar los tiempos y la ley, y serán entregados en su mano hasta tiempo, y tiempos, y medio tiempo (Daniel 7:25). Estos tiempos son los tres años y medio que el anticristo profanará el santuario y pondrá la abominación desoladora. Es luego de la profanación y mientras el anticristo hablaba grandes cosas, que Dios puso reinos y millones y millones asistían delante de él, y el Juez se sentó, y los libros fueron abiertos (Daniel 7:9-10). Estos tronos son para la iglesia y los libros son el juicio de los creyentes conforme sean sus obras. Jesús dijo: "He aquí yo vengo pronto, y mi galardón conmigo, para recompensar a cada uno según sea su obra" (Apocalipsis 22:12). Vemos que cuando los libros fueron abiertos, Juan miraba que el anticristo estaba hablando. De manera que podemos decir que estos eventos la persona del anticristo y el arrebatamiento de la iglesia son simultáneos.

Sobre la gran tribulación, que será cuando se profane el santuario, Daniel nos dice: "En aquel tiempo se levantará Miguel, el gran príncipe que está de parte de los hijos de tu pueblo; y será tiempo de angustia, cual nunca fue desde que hubo gente hasta entonces" (Daniel 12:1). El está hablando de la gran tribulación y luego dice: "Y muchos de los que duermen en el polvo de la tierra, serán despertados, unos para vida eterna" (Daniel 12:2). Vemos que habla del arrebatamiento de la iglesia donde los muertos en Cristo resucitarán para vida eterna. Aquí podemos ver nuevamente que cuando sea puesta la abominación desoladora, entonces la iglesia será levantada y luego comenzará la ira de Dios.

CAPÍTULO 6
El Rollo, El Cordero y Los Sellos

"Y vi en la mano derecha del que estaba sentado en el trono un libro escrito por dentro y por fuera, sellado con siete sellos. Y vino, y tomó el libro de la mano derecha del que estaba sentado en el trono" (Apocalipsis 5:1,7).

Este rollo que estaba en las manos de Dios, Cristo vino y lo tomó. En lo escrito en este rollo serán revelados los acontecimientos que estarán ocurriendo durante la gran tribulación. Cristo va a abrir el rollo, quitándole los siete sellos que son los que tienen sellado el contenido. Los sellos, que no son en sí el contenido del rollo, el cual trae la ira de Dios, traerán ciertos acontecimientos primero.

Los siete sellos son los que tienen sellado el rollo que contiene los eventos de la ira de Dios. Cuando Jesús comienza a abrir y desprende los sellos, éstos tienen unos eventos que surgirán en la tierra. Pero ellos en sí no son la gran tribulación, ya que la gran tribulación está escrita en el contenido del rollo. Estos sellos son los eventos que ocurrirán durante los primeros tres años y medio de los últimos siete años. Estos tres años y medio son los dolores de parto que habló Jesús, los principios de dolores de parto (Mateo 24:8). No olvidando que la gran tribulación comienza no al principio de los siete años, sino cuando sea puesta la abominación desoladora (Mateo 24:15-21). Daniel nos dice que la abominación desoladora será puesta a la mitad de la última semana (Daniel 9:27; 12:11).

Con la firma del pacto entre el anticristo e Israel se pondrá en marcha los siete años finales de las setenta semanas. Los sellos del capítulo seis de Apocalipsis serán durante los primeros tres y medio años de los siete años. Estos sellos son los principios de dolores de parto que habló Jesús (Mateo 24:8).

El primer sello

"Ven y mira. Y miré, y he aquí un caballo blanco; y el que lo montaba tenía un arco; y le fue dada una corona, y salió venciendo, y para vencer" (Apocalipsis

6:2). "Porque vendrán muchos en mi nombre, diciendo: Yo soy el Cristo; y a muchos engañarán" (Mateo 24:5).

Este personaje que va montado en el caballo blanco, es la persona del anticristo. Viene con apariencia de paz y ofreciendo seguridad. Surgirá como un vencedor y traerá promesas de paz y seguridad. Hablará grandes cosas y engañará a la gente con sus muchas contrataciones.

El segundo sello

"Cuando abrió el segundo sello, oí al segundo ser viviente, que decía: Ven y mira. Y salió otro caballo, bermejo; y al que lo montaba le fue dado poder de quitar de la tierra la paz, y que se matasen unos a otros; y se le dio una gran espada" (Apocalipsis 6:3-4).

"Y oiréis de guerras y rumores de guerras; mirad que no os turbéis, porque es necesario que todo esto acontezca; pero aún no es el fin. Porque se levantará nación contra nación, y reino contra reino" (Mateo 24:6,7).

En el segundo sello ocurrirán guerras y conflictos internacionales. El anticristo dominará el escenario y provocará guerras en diferentes partes del mundo.

El tercer sello

"Cuando abrió el tercer sello, oí al tercer ser viviente, que decía: Ven y mira. Y miré, y he aquí un caballo negro; y el que lo montaba tenía una balanza en la mano. Y oí una voz de en medio de los cuatro seres vivientes, que decía: Dos libras de trigo por un denario, y seis libras de cebada por un denario; pero no dañes el aceite ni el vino" (Apocalipsis 6:5-6).

"Y habrá pestes, y hambres, y terremotos en diferentes lugares" (Mateo 24:7).

El mundo entrará en unos conflictos y la economía empeorará y las naciones estarán más preparadas a rendirle lealtad al que traiga soluciones a la tierra. Este será el anticristo. Habrá hambre y desesperación y muchas enfermedades.

El cuarto sello

"Miré, y he aquí un caballo amarillo, y el que lo montaba tenía por nombre Muerte, y el Hades lo seguía; y le fue dada potestad sobre la cuarta parte de la tierra, para matar con espada, con hambre, con mortandad, y con las fieras de la tierra" (Apocalipsis 6:8).

Aquí vemos un incremento en las guerras, muerte, hambre, pestes y caos en la tierra. Todo esto son principios de dolores (Mateo 24:8).

Estos serán tiempos difíciles de mucha confusión, dolor y tristeza. Estos primeros años serán de tribulación sobre el mundo. Entendamos que durante este periodo de tiempo, todavía no ha surgido la gran tribulación. La cuarta parte de la tierra o de la humanidad, morirán por causa de las guerras, el hambre, las pestes y con gran mortandad. Estamos hablando de una población de siete mil millones de habitantes, una cuarta parte morirá en ese tiempo. Y pensar que todavía falta lo peor.

El quinto sello

"Cuando abrió el quinto sello, vi bajo el altar las almas de los que habían sido muertos por causa de la palabra de Dios y por el testimonio que tenían" (Apocalipsis 6:9).

Persecución a los creyentes, especialmente a los cuales matarán por su testimonio de la verdad.

El sexto sello

"Miré cuando abrió el sexto sello, y he aquí hubo un gran terremoto; y el sol se puso negro como tela de cilicio, y la luna se volvió toda como sangre... y decían a los montes y a las peñas: Caed sobre nosotros, y escondednos del rostro de aquel que está sentado sobre el trono, y de la ira del Cordero; porque el gran día de su ira ha llegado; ¿y quién podrá sostenerse en pie? (Apocalipsis 6:12-17).

El sexto sello anuncia la ira de Dios. Es después de este sello que van a proceder los juicios de Dios sobre la tierra y vendrá la gran tribulación.

Los 144,000 sellados y la gran multitud

"Vi también a otro ángel que subía de donde sale el sol, y tenía el sello del Dios vivo; y clamó a gran voz a los cuatro ángeles, a quienes se les había dado poder de hacer daño a la tierra y al mar, diciendo: No hagáis daño a la tierra, ni al mar, ni a los árboles, hasta que hayamos sellado en sus frentes a los siervos de nuestro Dios. Y oí el número de los sellados: ciento cuarenta y cuatro mil sellados de todas las tribus de los hijos de Israel" (Apocalipsis 7:2-4).

Antes que comience la gran tribulación, la ira de Dios sobre los impíos, serán sellados 144,000 de las tribus de Israel. Decir que estos sellados son de algún grupo o denominación es estar equivocados. Aquí claramente se demuestra que estos son de las tribus de Israel y menciona específicamente de que tribus son.

Los acontecimientos que vendrán luego serán tan terribles que afectarán a toda la creación. Estos son los días de tribulación, cual no ha habido en la historia del mundo ni la habrá.

Y es antes de la ira de Dios que se ve en el cielo una gran multitud, vestidos de ropas blancas, delante del trono de Dios. "Después de esto miré y he aquí una gran multitud, la cual nadie podía contar, de todas las naciones y tribus y pueblos y lenguas, que estaban delante del trono y en la presencia del Cordero, vestidos de ropas blancas, y con palmas en las manos... Estos son los que han salido de la gran tribulación, y han lavado sus ropas, y las han emblanquecido en la sangre del Cordero" (Apocalipsis 7:9-14).

"Y desde el tiempo que sea quitado el continuo sacrificio hasta la abominación desoladora, habrá mil doscientos noventa y días. Bienaventurado el que espere, y llegue a mil trescientos treinta y cinco días" (Daniel 12:11-12).

Se puede entender, conforme a lo expresado por el profeta Daniel, que luego del pacto de siete años, a los tres años y siete meses (1,290 días), se profanará el lugar santo. Lo que puede entenderse que el cuarto sello de Apocalipsis capítulo 6, puede estar relacionado con la profanación del templo; donde el anticristo comenzará la persecución contra el pueblo de Israel y contra los santos. Pero se menciona un periodo de 45 días después de la profanación del templo (1,335 días). Posiblemente es entonces que ocurra el arrebatamiento y comience la ira de Dios.

Luego de los 144,000 sellados, aparece la multitud y era tan inmensa que no se podía contar. Lo que indica que eran millones y millones de personas. Estas personas estaban delante del trono de Dios, esto era en los cielos. Uno de los ancianos le dijo a Juan que "estos son los que han salido de la gran tribulación". Pero en el griego original dice: "Estos son (o siguen siendo) lo que siguen viniendo (o siguen saliendo) de la gran tribulación". Lo que da a entender que era un evento que estaba sucediendo en ese mismo momento. Es por tal razón que el anciano preguntó: "Estos que están vestidos de ropas blancas, ¿quiénes son, y de dónde han venido?", dando a entender que aquellos llegaron en esos momentos. Salieron de la gran tribulación, lo que indica que fueron librados antes que comenzara la gran tribulación.

Es cuando se abre el séptimo sello que aparecen siete ángeles que tenían trompetas. Con estas trompetas comenzaba la ira de Dios. Es cuando la iglesia sea arrebatada que comenzará la gran tribulación en la tierra.

Manifestación del hombre maldito

Pablo dedica el presente capítulo a corregir el error de los fieles de Tesalónica con respecto a la segunda venida del Señor. Les dice que ese día no ha llegado todavía. Les hace ver que, antes de que ese momento llegue, ha de ocurrir una apostasía general y ha de aparecer en público el anticristo.

"Pero con respecto a la venida de nuestro Señor Jesucristo, y nuestra reunión con Él, os rogamos, hermanos, que no dejéis mover fácilmente de vuestro modo de pensar, no os conturbéis, ni por espíritu, ni por palabra, ni por carta como si fuera nuestra, en el sentido de que el día del Señor está cerca. Nadie os engañe en ninguna manera; porque no vendrá sin que antes venga la apostasía, y se manifieste el hombre de pecado, el hijo de perdición, el cual se opone y se levanta contra todo lo que se llama Dios o es objeto de culto; tanto que se sienta en el templo de Dios como Dios, haciéndose pasar por Dios" (2 Tesalonicenses 2:1-8).

Pablo insiste en que le presten atención a lo que va a decir. Con relación al momento en que el Señor vendrá por los suyos, está claro por la frase "y nuestra reunión con él". El Apóstol les pide que no se dejen mover ni agitar del modo de pensar. En el sentido de que el día del Señor está cerca. El Apóstol declara que antes de que venga el Señor han de ocurrir algunas cosas. Pablo da la voz de alerta indicando que primero vendría la apostasía. Esto es una revuelta agresiva y definitiva contra Dios, la cual preparará el camino para la aparición del hombre de pecado. Se entiende que consistirá en algo único, como no se ha dado en el curso de la historia. Un enfriamiento tal de la fe que la gran mayoría de la gente vivirá como si Dios no existiera; en pecado, corrupción, inmoralidad y también atacará violentamente toda sana doctrina.

Pablo indica que la apostasía surgirá y ésta provocará que se manifieste el hombre de pecado, el anticristo. No cabe duda que antes de reunirse la iglesia con Jesús en el arrebatamiento, tiene que venir la apostasía y la manifestación del anticristo. Muchos tratan de admitir que la Venida de Cristo será primero y que luego aparecerá el anticristo, pero las Escrituras dicen todo lo contrario. Meridianamente dice que no se dejen engañar, por que Cristo no vendrá hasta que no venga la apostasía y se manifieste el hombre de pecado.

CAPÍTULO 7
Abandono de la Doctrina Verdadera

"Mirad que no seáis engañados; porque vendrán muchos en mi nombre, diciendo: Yo soy el Cristo, y: El tiempo está cerca. Mas no vayáis en pos de ellos" (Lucas 21:8). "Tiempo vendrá cuando desearéis ver uno de los días del Hijo del Hombre, y no lo veréis. Y os dirán: Helo aquí, o helo allí. No vayáis, ni lo sigáis" (Lucas 17:22-23).

Habrá un incremento como nunca en la historia, de hombres declarándose y publicando que son el Cristo. Estos no dirán que son enviados por Cristo sino que ellos mismos son el Cristo. No debemos creer al que nos diga: aquí está o allí está. Porque estos serán los falsos Cristo. Esta alarma será general, donde quiera se levantarán hombres declarándose el Cristo. La fuerza de tales engañadores será tal que una masa de muchas personas será arrastrada a la perdición por esta poderosa corriente de maldad. Esto será un "avivamiento", pero del engaño y la maldad. Las repetidas advertencias que Cristo hace acerca de ellos, para que los creyentes estén en guardia: mirad que no seáis engañados, no vayáis en pos de ellos.

El engaño de estos farsantes está en que harán grandes señales y prodigios de tal manera que engañarán si fuere posible, aún a los escogidos (Mateo 24:24). Ellos mostrarán milagros y prodigios, y muchos al ver estos eventos sobrenaturales le acreditarán que son de Dios.

Este será el advenimiento del anticristo, vendrá respaldado por señales portentosas. "Y entonces se manifestará aquel inicuo, a quien el Señor matará con el espíritu de su boca... Inicuo cuyo advenimiento es por obra de Satanás, con gran poder y señales y prodigios mentirosos, y con todo engaño de iniquidad" (2 Tesalonicenses 2:8-10). Estos prodigios son sucesos extraños que exceden los límites de lo natural. Y muchos al ver estas señales y prodigios se irán tras él y otros caerán en el engaño.

Este será también el primer sello de Apocalipsis 6:1-2: "Y miré, y he aquí un caballo blanco; y el que lo montaba tenía un arco; y le fue dada una corona, y salió venciendo, y para vencer".

Aquí vemos la manifestación del anticristo, trayendo paz y seguridad y proyectándose como la alternativa a la humanidad. Aquí comenzará la última semana que habló el profeta Daniel.

Lo próximo que ocurrirá es que se empezarán a oír rumores de guerra y se levantará nación contra nación. Este evento será el segundo sello en Apocalipsis 6:3-4: "Y salió otro caballo, bermejo; y al que lo montaba le fue dado poder de quitar de la tierra la paz, y que se matasen unos a otros; y se le dio una gran espada".

Luego habrán eventos de la naturaleza, terremotos, y habrán enfermedades, pestes y hambre. Este será el tercer sello en Apocalipsis 6:5-6: "Y miré, y he aquí un caballo negro; y el que lo montaba tenía una balanza en la mano... Dos libras de trigo por un denario, y seis libras de cebada por un denario".

Todos estos eventos ocurrirán en los primeros tres años y medio de los siete años. Es entonces que a la mitad de la semana, como dice en Daniel 9:27, se pondrá la abominación desoladora, que no es otra cosa que el anticristo proclamándose ser Dios y profanando el templo de Dios. Es en este evento cuando se abren el cuarto y quinto sello, donde le fue dada potestad al anticristo sobre la cuarta parte de la tierra, para matar con espada, con hambre, con mortandad y con las fieras de la tierra. Cuando se abrió el quinto sello, vio Juan bajo el altar las almas de los que habían sido muertos por causa de la palabra de Dios y por el testimonio que tenían.

Es en medio de ese caos cuando el anticristo profane el templo y se proclame ser Dios, que vendrá Cristo por su iglesia. "Porque como el relámpago que sale del oriente y se muestra hasta el occidente, así será también la venida del Hijo del Hombre" (Mateo 24:27). Será como en los días de Noé y Lot.

"Y desde el tiempo que sea quitado el continuo sacrificio hasta la abominación desoladora, habrá mil doscientos noventa días (3 ½ años con 30 días). Bienaventurado el que espere, y llegue a mil trescientos treinta y cinco días (3 ½ años con 75 días)" (Daniel 12:11-12).

Posiblemente a los tres años y medio, el anticristo quitará los rituales de sacrificio en el santuario. Treinta días después, él se sentará y profanará el santuario. Él es la abominación desoladora. Habrá persecución contra los judíos. "Y hablará palabras contra el Altísimo, y a los santos del Altísimo quebrantará, y pensará en cambiar los tiempos y la ley; y serán entregados en su mano hasta tiempo, y tiempos, y medio tiempo" (3 ½ años) (Daniel 7:25). Y es durante ese periodo de la profanación del santuario y la bienaventuranza de los que lleguen a mil trescientos treinta y cinco días, que se irá la iglesia. Habrá un periodo de 45 días que sucederá el escape.

Es aquí al abrir el sexto sello, donde se describe que va a comenzar el día de la ira de Dios, la gran tribulación (Apocalipsis 6:12-17). Jesús dijo que cuando vieran la abominación desoladora en el lugar santo, vendrá la gran tribulación (Mateo 24:15-21).

Pero como la gran tribulación será la ira de Dios, y esta comenzará luego de la profanación del santuario, Dios librará a su iglesia. "Porque esta será librada de la ira que vendrá sobre el mundo entero" (Apocalipsis 3:10).

En Apocalipsis, es en el sexto sello que se proclama que viene la ira de Dios; y es el séptimo sello el que contiene los juicios de Dios. En el capítulo 7 de Apocalipsis, aparecen los 144,000, que serán sellados de las tribus de Israel y luego aparece la gran multitud, la cual nadie podía contar, de todas naciones y tribus y pueblos y lenguas, que estaban delante del trono y en la presencia del Cordero, vestidos de ropas blancas y con palmas en las manos (Apocalipsis 7:9). ¿Quiénes son y de dónde han venido? Estos son los que han salido de la gran tribulación y han lavado sus ropas y las han emblanquecido en la sangre del Cordero (Apocalipsis 7:13-14).

Los 144,000 serán del pueblo de Israel y éstos pasarán por la gran tribulación, pero Dios los guardará durante ese periodo de tiempo. La gran multitud estaba delante del trono y en la presencia del Cordero. Lo que indica que esta gran multitud se encontraba en los cielos.

Estos salieron de la gran tribulación o de la ira de Dios. Este término muchos quieren aplicarlo a que estaban en la tribulación y en algún momento salieron de ella. Pero si vemos en Apocalipsis capítulo 8, se abre el séptimo sello y es entonces que aparecen los ángeles con las trompetas para comenzar los juicios de Dios. Por tanto, es de entenderse que sistemáticamente la gran muchedumbre salió de la gran tribulación antes de que ésta comenzara. Esta gran multitud, la cual nadie podía contar, dando a entender la inmensidad de ella de toda tribu y lengua y pueblo, es la iglesia de Dios que ha sido trasladada al cielo, al trono de Dios. Una vez la iglesia es arrebatada al cielo, entonces y sólo entonces viene la ira de Dios sobre la humanidad. El arrebatamiento de la iglesia dará comienzo a la ira de Dios, igual que en los días de Noé y Lot.

El tiempo de los siete años

"Entonces oí a un santo que hablaba; y otro de los santos preguntó a aquel que hablaba: ¿Hasta cuándo durará la visión del continuo sacrificio, y la prevaricación asoladora entregando el santuario y el ejército para ser pisoteados? Y él dijo: Hasta dos mil trescientas tardes y mañanas (6 años y 140 días); luego el santuario será purificado" (Daniel 8:13-14).

"La visión de las tardes y mañanas que se ha referido es verdadera; y tu guarda la visión, porque es para muchos días" (Daniel 8:26).

Esta profecía tiene que ver con el tiempo del fin, y está relacionada con la última semana. Así que desde el comienzo de la semana hasta la purificación del santuario, habrá 6 años y 140 días, concluyendo con la guerra de Armagedón. Luego habrán siete meses donde el pueblo de Israel estará enterrando los muertos del día de la gran matanza (Ezequiel 39:13-14). Luego restan diez días para completar los siete años de la última semana. Así que esos diez días serán cumplidos el día diez de octubre, que es el jubileo del pueblo de Israel (Levítico 23:27; 25:9-10). Entonces se cumplirá en su totalidad la profecía de Daniel 9:24-27.

Nota: Estos siete años son de 360 días cada año y de 30 días cada mes, esto conforme al reloj de Dios.

El evento del Día del Señor

Los siete sellos de Apocalipsis capítulo 6 serán para poder abrir el rollo que contiene los juicios de Dios sobre la tierra. Los sellos son tiempos de tribulación sobre la tierra y concluirán con el sexto sello que será la ira de Dios, la gran tribulación a este mundo. La venida en gloria de Jesucristo manifestará la redención de la iglesia con el arrebatamiento y dará comienzo a la gran tribulación sobre nuestro planeta. Observamos todo el lenguaje que este evento nos revela. Al abrirse el sexto sello, la Biblia nos narra lo que acontecerá: "Mire cuando abrí el sexto sello, y he aquí hubo un gran terremoto; y el sol se puso negro como tela de cilicio, y la luna se volvió toda como sangre; y las estrellas del cielo cayeron sobre la tierra, como la higuera deja caer sus higos cuando es sacudida por un fuerte viento. Y el cielo se desvaneció como un pergamino que se enrolla; y todo monte y toda isla se removieron de su lugar" (Apocalipsis 6:12-14).

No cabe duda que ese día será impactante y conmovedor. Las potencias de los cielos serán conmovidas. En los cielos ocurrirán señales portentosas y en la tierra efectos de la naturaleza grandiosos. Ese será el gran día del Señor. Luego describe eventos significativos y dice: "Y los reyes de la tierra, y los grandes, los ricos, los capitanes, los poderosos, y todo siervo y todo libre, se escondieron en las cuevas y entre las peñas de los montes; y decían a los montes y a las peñas: Caed sobre nosotros, y escondednos del rostro de aquel que está sentado sobre el trono, y de la ira del Cordero; porque el gran día de su ira ha llegado; ¿y quién podrá sostenerse en pie?" (Apocalipsis 6:16-17). La gente al ver los sucesos que ocurrirán en ese día, adjudicará que lo que está ocurriendo es señal de que se trata del día del Señor. Aunque no están viendo a Jesús venir en gloria, no obstante por lo que esté sucediendo, no les cabe la menor duda que se trata del día del Señor.

El profeta Isaías habla de los últimos tiempos y usa el mismo lenguaje de lo que ocurrirá en el día de la Venida de Cristo. "He aquí el día de Jehová viene, terrible, y de indignación y ardor de ira, para convertir la tierra en soledad, y raer de ella a sus pecadores. Por lo cual las estrellas de los cielos y sus luceros no darán su luz; y el sol se oscurecerá al nacer, y la luna no dará su resplandor. Y castigaré al mundo por su maldad, y a los impíos por su iniquidad; y haré que cese la arrogancia de los soberbios, y abatiré la altivez de los fuertes. Porque haré estremecer los cielos, y la tierra se moverá de su lugar, en la indignación de Jehová de los ejércitos, y en el día del ardor de su ira" (Isaías 13:9-13).

El profeta Joel afirmó lo mismo acerca de los eventos que ocurrirán en el día del Señor. "El sol se convertirá en tinieblas, y la luna en sangre, antes que venga el día grande y espantoso de Jehová" (Joel 2:31).

Podemos decir, sin lugar a dudas, que este evento que está meridianamente revelado en la Biblia, será el día de la Venida de Cristo en gloria. En ese día será el arrebatamiento de la iglesia y luego que la iglesia sea sacada de este mundo, dará inicio la gran tribulación.

En los escritos de los evangelios, donde hablan de los eventos de los últimos tiempos, cada uno de los escritores presenta una información valiosa. El evangelio de Mateo es bien explícito en narrar lo que acontecerá en el último tiempo. Si observamos, él va narrando sistemáticamente lo que acontecerá en esos tiempos. Este capítulo 24 de Mateo que habla de las señales de los últimos tiempos, es algo que estamos viendo en la actualidad; y luego en la última semana, los primeros tres años y medio, será en grande escala. Porque son señales actuales pero concluirán con la última semana.

Lo que quiero decir es que estas señales surgirán de una manera sin igual cuando comience la semana de siete años, que dará inicio con el pacto de Israel con el anticristo.

Comienza con farsantes proclamando ser el Cristo y engañarán a muchos, y la advertencia es que estén alerta para que nadie los engañe. Y oirán de guerras y rumores de guerras, pero todavía no es el fin. Luego se levantará nación contra nación y reino contra reino. Todas estas guerras y conflictos bélicos producirán caos en el mundo trayendo sobre la tierra enfermedades, hambrunas y habrán terremotos en diferentes lugares del mundo. Todos estos eventos serán los principios de dolores de parto. Estos conflictos surgirán por causa del anticristo. Habrá persecución contra los cristianos. La fe de muchos se tambaleará y surgirán conflictos dentro del cuerpo de Cristo. Vendrán muchos falsos profetas y engañarán a muchos. La maldad será tal que el amor de muchos se enfriará.

Se le advierte a la iglesia a perseverar en medio de esa tribulación. Y el evangelio será predicado a todas las naciones y entonces vendrá el fin. Es aquí donde Jesús advierte acerca de la abominación desoladora, que será cuando el anticristo, a la mitad de la semana, ponga el ídolo en el santuario y se siente en el lugar santísimo haciéndose pasar por Dios. Es en este momento que dará comienzo la gran tribulación, cual nunca ha habido desde el principio del mundo hasta ahora, ni la habrá.

Podemos deducir que esos eventos serán únicos en su clase y nunca antes vistos. Esos tiempos serán tan horribles que serán acortados porque de lo contrario nadie seria salvo, pero por amor a los escogidos serán acortados los días. Retomando nuevamente el comienzo de la semana de siete años, que serán tiempos de tribulación, pero no la gran tribulación, se advierte a los creyentes a estar alerta. Porque habrá un incremento de falsedad, y harán grandes señales y prodigios. Y es entonces que se anuncia la Venida de Jesucristo, que será como el relámpago que sale del oriente y se muestra hasta el occidente, así será también la venida del Hijo del Hombre.

E inmediatamente después de la tribulación de aquellos días, ¿Qué tribulación?, Se refiere a los primeros tres años y medio de la última semana, que comenzará cuando el anticristo hará el pacto con Israel y que son conocidos como los principios de dolores de parto. Y concluirá con la profanación del santuario y es cuando dará comienzo a la gran tribulación. Es exactamente lo que dijo Jesús, cuando vean en el lugar santo la abominación desoladora huyan, porque habrá gran tribulación cual no la ha habido desde el principio del mundo hasta ahora, ni la habrá. Es entonces que el sol se oscurecerá, y la luna no dará su resplandor, y las estrellas caerán del cielo, y las potencias de los cielos serán conmovidas.

Vemos las señales que anuncian el comienzo de la gran tribulación. Pero también se anuncia que aparecerá la señal del Hijo del Hombre en el cielo; y entonces lamentarán todas las tribus de la tierra, y verán al Hijo del Hombre viniendo sobre las nubes del cielo, con poder y gran gloria. Vendrá a buscar a su iglesia y que será arrebatada y a llevarla al cielo antes de que comience la gran tribulación, que es la ira de Dios. Y enviará a sus ángeles con gran voz de trompeta, tal como dice Pablo, con voz de mando y trompeta de Dios y los muertos en Cristo resucitarán primero, luego nosotros que quedamos seremos arrebatados y llevados a los aires. Cuando venga con sus ángeles juntará a sus escogidos, su iglesia, de los cuatro vientos, desde un extremo del cielo hasta otro. No cabe la menor duda que esta es la venida en gloria de Cristo a buscar a su pueblo y dar inicio a la ira de Dios.

Esto es lo dicho por Pedro cuando habla del día del Señor "Pero el día del Señor vendrá como ladrón en la noche; en el cual los cielos pasarán con grande estruendo, y los elementos ardiendo serán deshechos, y la tierra y las obras que en ella hay serán quemadas" (2 Pedro 3:10). Esa venida en gloria del Señor continuará con los galardones de la Iglesia, las bodas del Cordero y finalmente la guerra de Armagedón

CAPÍTULO 8
El Tiempo de los Gentiles

En la contestación de Gabriel a Daniel, le informó que hay setenta semanas que han sido determinadas sobre tu pueblo y sobre tu santa ciudad. A través de esta profecía, Dios le daba a entender cuándo sería la aparición del Mesías predicho. Según las palabras del Ángel, las setenta semanas se dividirían en tres periodos; el primero de siete semanas; seguido por sesenta y dos semanas y finalizando con una semana. Gabriel le dijo que desde la salida de la orden para restaurar y edificar a Jerusalén hasta el Mesías, habrá sesenta y nueve semanas.

Comienzo de las setenta semanas

Los estudiantes de la Biblia y la profecía tenían que estar bien atentos al comienzo de las semanas. Se estableció que éstas comenzarían con la salida de la orden para restaurar y edificar a Jerusalén. También se dijo que se edificaría la plaza y el muro. Esto sucedió en el 456 a. C. y esta obra tendría como término siete semanas. Lo que se pudo entender, que cada semana era un periodo de siete años, lo que equivaldría a cuarenta y nueve años. Esta fue la primera división de las setenta semanas. Por tanto, la fecha de estas siete semanas, que equivalen a cuarenta y nueve años, terminó en el 407 a. C. A continuación vendría un periodo de 62 semanas o 434 años, concluido el cual se presentaría al Mesías. De manera que desde el año 407 a. C. pasados 434 años, las 62 semanas, nos llevaría hasta el año 28 d. C. Fue en el año 28 d. C. que el Mesías, el Cristo, tenía la edad de 33 años. La profecía decía que luego de las 62 semanas, se quitaría la vida al Mesías, lo cual ocurrió en ese mismo año. De manera que la profecía hablaba claramente del tiempo de la venida del Mesías y de su muerte.

Luego de la muerte del Mesías, la profecía registra que el pueblo (Roma) de un príncipe que ha de venir destruirá la ciudad y el santuario. Y es después de guerras y conflictos, que habla acerca de la última semana de siete años. A través de lo dicho por el Ángel Gabriel visualizamos claramente hasta la aparición y la muerte del Mesías. No obstante, la profecía no daba registro de cuándo sería la destrucción del templo y la ciudad.

Cuando llegamos al ministerio de Jesús, él habla acerca de este acontecimiento, la destrucción de Jerusalén y del templo (Mateo 24:2; Lucas 19:42-44). Lo que queremos expresar es que en el tiempo de Jesús aquella generación que lo entregó pidió que la sangre de Jesús fuese sobre ellos y sobre sus hijos (Mateo 27:25). Ellos estaban dispuestos a sufrir las consecuencias de su traición.

También Jesús hablando de la hipocresía religiosa de los judíos, dijo que la sangre justa que se ha derramado sobre la tierra desde Abel hasta Zacarías, vendría sobre ellos. Y él estableció y dijo "De cierto os digo que todo esto vendrá sobre esta generación" (Mateo 23:34-36). Por tanto, Jesús marcó un tiempo donde el castigo vendría a esa generación. Esto ocurrió en el año 70 d. C. cuando los romanos destruyeron a Jerusalén y el templo. Esa generación duró 42 años aproximadamente, desde el 28 d. C. hasta el 70 d. C.

Ahora bien, la última semana de siete años no se estableció cuando sería. En cambio, en el evangelio de Lucas, capítulo 21, Jesús presenta la destrucción del templo y establece que Jerusalén sería hollada hasta que los tiempos de los gentiles se cumplan (Lucas 21:24). Lo probable será que el enlace con la última semana de siete años es el cumplimiento del tiempo de los gentiles. Y es de entenderse que la generación que no pasará y verá los acontecimientos finales, será la que se enlace con el cumplimiento del tiempo de los gentiles y el comienzo del pacto de los siete años. De igual manera, como aquel tiempo la generación de entonces sufrió las consecuencias de su transgresión y concluyó con la destrucción de Jerusalén; la generación actual comenzará con la conquista de Jerusalén por los judíos y concluirá con la generación que no pasará y verá la destrucción del sistema actual.

Cuando hacemos un análisis concerniente al tema, las señales antes del fin que se encuentran en Mateo, Marcos y Lucas, vemos unas revelaciones maravillosas que Jesús transmite a su pueblo.

Cuando Jesús salió del templo y se iba, se acercaron sus discípulos para mostrarle los edificios del templo. Respondiendo él, les dijo: "¿Veis todo esto?, De cierto os digo que no quedará aquí piedra sobre piedra, que no sea derribado". Y estando él sentado en el Monte de los Olivos, los discípulos se le acercaron aparte, diciendo: "Dinos, ¿cuándo serán estas cosas, y qué señal habrá de tu venida, y del fin del siglo?" (Mateo 24:1-3).

Jesús cuando sale del templo predice la destrucción del mismo. Él les informa que el templo sería destruido y que no quedaría piedra sobre piedra. Esta misma expresión Jesús la había hablado en aquellos mismos días. "¡Oh, si también tu conocieses, a los menos en este tu día, lo que es para tu paz! Mas ahora está encubierto de tus ojos. Porque vendrán días sobre ti, cuando tus enemigos te rodearán con vallado, y te sitiarán, y por todas partes te estrecharán, y te derribarán a tierra, y a tus hijos dentro de ti, y no dejarán en ti piedra sobre piedra, por cuanto no conocisteis el tiempo de tu visitación" (Lucas 19:42-44).

Es por tal razón que los discípulos le preguntaron ¿Cuándo serán estas cosas? o ¿Cuándo será esto? Ahora bien, Lucas en su evangelio hizo una recopilación de datos bajo una investigación diligente con el fin de ponerlo todo en orden (Lucas 1:1-4). En esta investigación que hizo Lucas no cabe ninguna duda de que él estudió las profecías concernientes a los eventos que vendrían.

Al observar cada uno de los evangelios y auscultar profundamente, descubrimos que las profecías que Jesús habló estaban totalmente entrelazadas con las profecías de Daniel. Las palabras de Jesús estaban en mesura con las profecías de Daniel. Es por tal razón que los evangelios de Mateo y Marcos hablan sobre la abominación desoladora que habló el profeta Daniel (Marcos 13:14; Mateo 24:15).

Al Jesús contestarle la pregunta que le hicieron sus discípulos, Jesús impartió más revelación a lo dicho por Daniel. Veamos el punto que queremos hablar. En la profecía de las setenta semanas, en el capítulo 9 del libro del profeta Daniel, éste recibió un mensaje del Ángel Gabriel, en el que se decía que setenta semanas están determinadas sobre tu pueblo y sobre tu santa ciudad. En esta profecía se decía que luego de sesenta y nueve semanas se le quitaría la vida al Mesías. Cuando Jesús se dispone contestarles a sus discípulos en su temática, está citando a Daniel 9:26-27.

"Y el pueblo de un príncipe que ha de venir destruirá la ciudad y el santuario; y su fin será con inundación, y hasta el fin de la guerra durarán las devastaciones" (Daniel 9:26).

Aquí hay dos puntos importantes:

1. Que el templo y Jerusalén serían destruidos, y esto por causa de una guerra.

2. Que el que los destruiría sería un pueblo de un príncipe que vendría en el futuro.

Así que cuando Jesús vio a Jerusalén y lloró sobre ella, describió la destrucción que le vendría, donde no quedaría piedra sobre piedra que no fuera destruida.

Lucas pone en orden la revelación que Jesús les da a sus discípulos, basado en Daniel 9:26. Luego que el Mesías muriera, entonces vendrían los acontecimientos hasta llegar a la destrucción de Jerusalén y el templo.

En Lucas 21 hay que comenzar con el versículo 12: "Os echarán mano, y os perseguirán, y os entregarán a las sinagogas y a las cárceles, y seréis llevados ante reyes y ante gobernadores por causa de mi nombre. Y esto os será ocasión para dar testimonio. Proponed en vuestros corazones no pensar antes cómo habéis de responder en vuestra defensa; porque yo os daré palabra y sabiduría, la cual no podrán resistir ni contradecir todos los que se opongan. Más seréis entregados aún por vuestros padres, y hermanos, y parientes, y amigos; y matarán a algunos de vosotros; y seréis aborrecidos de todos por causa de mi nombre. Pero ni un cabello de vuestra cabeza perecerá. Con vuestra paciencia, ganaréis vuestras almas. Pero cuando viereis a Jerusalén rodeada de ejércitos, sabed entonces que su destrucción ha llegado. Entonces los que estén en Judea, huyan a los montes; y los que en medio de ella, váyanse; y los que estén en los campos, no entren en ella. Porque estos son días de retribución, para que se cumplan todas las cosas que están escritas. Mas, ¡ay de las que estén encintas, y de las que críen en aquellos días!; porque habrá gran calamidad en la tierra, e ira sobre este pueblo. Y caerán a filo de espada, y serán llevados cautivos a todas las naciones; y Jerusalén será hollada por los gentiles, hasta que los tiempos de los gentiles se cumplan" (Lucas 21:12-24).

Lucas describe claramente lo que sucederá a Jerusalén y al templo. Observe que Jesús les contesta a sus discípulos con todo detalle lo que habría de ocurrir y la destrucción de Jerusalén. Así que él presenta una descripción exacta de los sucesos y así se revela en Daniel 9:26. No solamente describe la destrucción, sino que da conclusión con hasta el fin de la guerra durarán las devastaciones, concluyendo con que Jerusalén sería hollada hasta que los tiempos de los gentiles se cumplan. Ese pisotear de los gentiles a Jerusalén, llegará el tiempo que Jerusalén nuevamente sería de los judíos.

En la actualidad hemos visto esta profecía cumplirse al pie de la letra en nuestros tiempos. Sabemos que fue el imperio romano que en el año 70 d. C. destruyó a Jerusalén. Y que los judíos estuvieron cautivos y dispersos por todas las naciones desde entonces. Pero que en el año 1948, los judíos volvieron a tener su nación y en el 1967 Jerusalén fue conquistada.

Ahora veamos a Daniel 9:27. "Y por otra semana confirmará el pacto con muchos; y a la mitad de la semana hará cesar el sacrificio y la ofrenda. Después con la muchedumbre de las abominaciones vendrá el desolador, hasta que venga la consumación, y lo que está determinado se derrame sobre el desolador."

En este versículo 27, la profecía da un salto a la última semana de siete años, donde concluyen todas las cosas. De igual manera, Jesús habla de los acontecimientos que ocurrirán durante esa última semana de siete años. Para comenzar esa semana, el anticristo, el cual es el príncipe que tenía que venir, que surgirá del imperio romano revivido, hará un pacto de siete años con Israel. Este será el pacto que traerá a Israel paz y seguridad, la cual hasta ahora no ha podido conseguir. Es aquí cuando Jesús les contesta a sus discípulos la pregunta ¿Y qué señal habrá de tu venida, y del fin del siglo? (Mateo 24:3).

"Mirad que no seáis engañados; porque vendrán muchos en mi nombre, diciendo: Yo soy el Cristo, y: El tiempo está cerca. Más no vayáis en pos de ellos. Y cuando oigáis de guerras y de sediciones, no os alarméis; porque es necesario que estas cosas acontezcan primero; pero el fin no será inmediatamente.

Entonces les dijo: Se levantará nación contra nación, y reino contra reino; y habrá grandes terremotos, y en diferentes lugares hambres y pestilencias; y habrá terror y grandes señales del cielo" (Lucas 21:8-11). "Y todo esto será principios de dolores de parto." (Mateo 24:8). "Por tanto, cuando veáis en el lugar santo la abominación desoladora de que habló el profeta Daniel (el que lee, entienda), entonces los que estén en Judea, huyan a los montes. El que esté en la azotea, no descienda para tomar algo de su casa; y el que esté en el campo, no vuelva atrás para tomar su capa. Mas, ¡ay de las que estén encintas, y de las que críen en aquellos días! Orad, pues, que vuestra huida no sea en invierno ni en día de reposo; porque habrá entonces gran tribulación, cual no ha habido desde el principio del mundo hasta ahora, ni la habrá" (Mateo 24:15-21).

Es interesante que lo que actualmente conocemos como el tema: las señales antes del fin, en la Biblia es una revelación que Cristo trae y en ella está ampliando la profecía de Daniel 9:26, 27.

Daniel v.26 – Un pueblo destruiría el templo y a Jerusalén (Lucas 21:12-24). Jesús nos dice lo que le ocurriría a los judíos durante ese tiempo. Entonces advierte que cuando vean a Jerusalén rodeada de ejércitos, sabed entonces que su destrucción ha llegado (Lucas 21:20). Así que Jesús explica lo que Daniel no explica, Jesús da los detalles de cómo sería esa invasión. Habla también de la dispersión del pueblo judío por todas las naciones (Lucas 21:23). Y concluye diciendo que esa dispersión terminaría cuando Jerusalén dejara de estar en manos de los gentiles (Lucas 21:24). Todo esto se cumplió al pie de la letra como Jesús lo había revelado. En la actualidad esa dispersión terminó y hoy los judíos están en su nación nuevamente. Esto ocurrió en el 1948 y en el 1967 Jerusalén vino a ser de los judíos nuevamente.

Daniel 9:27 - Habla acerca de un príncipe que surgirá del imperio romano y hará un pacto durante la última semana de siete años. Y que a la mitad de la semana, romperá el pacto. Y que vendría el desolador (Mateo 24:15). Jesús nos dice que esto será cuando el anticristo ponga la abominación desoladora en el santuario. Que antes de esto habrán unos eventos que serán los principios de dolores de parto (Mateo 24:4-8) y que cuando sea puesta la abominación desoladora, vendrá la gran tribulación (Mateo 24:21).

CAPÍTULO 9
Construcción del Santuario

Desde la destrucción del segundo templo, por la mano de los romanos en el año 70 d. C. hasta hoy, las oraciones de los hebreos han sido a favor de la reconstrucción del templo. Se puede encontrar un antecedente a través del profeta Daniel durante el destierro en Babilonia (Daniel 9:17), mientras aún hoy los hebreos ortodoxos recitan periódicamente tres veces por día las palabras: "Pueda ser hecha tu voluntad, que el templo sea reconstruido lo más pronto posible, en nuestro tiempo." A pesar de esto, 2000 años han pasado, Israel ha venido a ser un estado secular y diferentes personas han entendido que esta oración tiene un significado importante.

El protocolo para el templo

Entre los hebreos ortodoxos hay diferencias de opiniones en cuanto cómo y cuándo, el tercer templo debe construirse. Una escuela de pensamiento sostiene que el templo no puede construirse en un estado secular, por lo contrario ese templo bajará en fuego desde el cielo, completamente construido, después de que sea establecido el gobierno religioso a la llegada del Mesías en la edad de la redención. Esas personas que sostienen esto prohíben la entrada a la tierra dónde el templo estuvo, para que el Lugar Santo no sea pisoteado, lugar que ha mantenido su santidad a pesar de la destrucción del templo. Sin embargo, la mayor parte sostiene que el Torah obliga a los hebreos a reconstruir el templo en cuanto la posibilidad se dé para hacerlo (Éxodo 25:8). Como consecuencia, cuando en 1967 el acceso al suelo del templo se abrió, la nación pecó al no obedecer al mandamiento divino. Ellos sostienen que ningún templo se ha construido jamás sin la preparación humana (1 Reyes 5-6; Esdras 3:7-11), y que este esfuerzo tenía la aprobación divina (1 Crónicas 22:14; 23:4)

Sobre la base de la autoridad rabínica, sostienen que aún el cielo, antes de enviar a la tierra a los Profetas y al Mesías, como la señal de redención, insisten en ver una señal de empezar los movimientos para la reconstrucción. Como consecuencia, ellos dicen que si desde 1967 (año de la adquisición de la soberanía de Israel), Israel tiene realmente muchos problemas porque no han empezado la reconstrucción. Cuando en 1987 nace el sentimiento nacionalista palestino, los diferentes grupos judíos decidieron no poder ya demorar y por consiguiente empezaron a trabajar para preparar el día cuando el templo se reconstruirá. De esta manera, nace el Movimiento del Templo; y con su búsqueda sus activistas, los qué se mueven separadamente, pero con un único objetivo.

El lugar para el templo

En lo que respecta a la reconstrucción del templo se considera que el lugar exacto se debe aún identificar. La razón de esto es que se cree que el lugar ha sido divinamente ya selecto (Génesis 22:2; Éxodo 15:17, 2 Samuel 24:18; 1 Crónicas 21:18). Otra razón es que parece que hay una continuidad entre los templos, cada uno construido con su propio Lugar Santo y con la misma prominencia del Monte Moriah conocido incluso como *Even ha Shetiyah* (La Piedra de la Fundación). Propiamente sobre esta piedra fue puesta el arca de la alianza y en que el *Shekinah* (la Presencia Divina) descendió (1 Reyes 8).

La base en que el templo fue construido ha permanecido, se ha conservado a través de los siglos y esto hace la búsqueda más fácil. Sobre la base de esto, nacen tres escuelas de pensamiento al respeto.

Una teoría avanzada del arquitecto Tuvia Sagiv en Tel Aviv, se basa en las viejas fuentes y en las colinas topográficas; supone que el templo estaba ubicado en el ángulo sur-occidental al lado de la mezquita Ál Aqsa. A través de un estudio profundo de esta área Tuvia Sugiv, sugiere que el hallazgo de nuevos rastros subterráneos haría sostener que aquí en el pasado estaba la presencia de subsuelos y el templo Romano de Adriano, consagrado a Júpiter. Si el templo romano hubiera sido construido sobre las ruinas del templo judío, como muchos sostienen, esto señalaría que esa sería la ubicación exacta del templo.

Una teoría más popular es la del físico de la universidad judía, Asher Kaufmann. Su búsqueda se funda en los detalles del tratado Mishna conocido como Middot (Dimensiones), calculando la distancia entre el Monte de los Olivos dónde el ternero rojo fuera sacrificado, y el corte oriental del templo dónde estaba el Gran Altar. Él concluye que el templo fue construido en la zona norte-occidental del área a alrededor de 330 pies de la catedral musulmana real de las piedras. Él cree que la Piedra de la Fundación dentro del Lugar Santísimo es identificable con la que está presente dentro de una pequeña cúpula, conocido por los árabes como la catedral de la lápida mortuoria. Esas personas que están preparando la construcción del nuevo templo concuerdan con esta teoría. Se ha obtenido un acceso al lugar para hacer las excavaciones arqueológicas, las cuales pronto darán respuestas.

El santuario

Jesús habló de la profanación del santuario. "Por tanto, cuando veáis en el lugar santo la abominación desoladora de que habló el profeta Daniel (El que lee, entienda)" (Mateo 24:15). En diferentes ocasiones se habla referente al santuario que estará en el último tiempo. La abominación desoladora tiene un significado especial para los judíos. Consiste en profanar el santuario, llevando alguna cosa inmunda hasta el lugar santo, parte del santuario donde sólo puede entrar un sacerdote autorizado. El lugar santo será establecido nuevamente. Cuando hablamos del santuario es importante entender, que a la luz de las Escrituras se refería o al tabernáculo o al templo. Veamos: "Entonces me fue dada una caña semejante a una vara de medir, y se me dijo: Levántate, y mide el templo de Dios, y el altar, y a los que adoran en él." (Apocalipsis 11:1). En el griego original dice mide el santuario. El Apóstol Pablo refiriéndose a la profanación del santuario dice: "El cual se opone y se levanta contra todo lo que se llama Dios o es objeto de culto; tanto que se sienta en el santuario de Dios, haciéndose pasar por Dios" (2 Tesalonicenses 2:4). Aquí en el griego original dice se sienta en el santuario de Dios.

Existe una profecía que para la iglesia tiene su significado, pero para Israel tiene otro significado. "En aquel día yo levantaré el tabernáculo caído de David, y cerraré sus portillos y levantaré sus ruinas, y lo edificaré como en el tiempo pasado" (Amós 9:11).

Puede darse el caso que los judíos determinen construir un tabernáculo en vez del templo. Cuando Herodes construyó el templo, el hizo una explanada en el tope del monte. Esa explanada consta de cuatro acres. Actualmente está la mezquita de Omar establecida allí, pero existe un espacio donde se podría hacer el tabernáculo. Personalmente pienso que lo que se va a construir primero es un tabernáculo para luego construir el templo. Desde el año 70 d. C. no ha habido lugar en Israel para ofrecer los sacrificios y las ofrendas. En la última semana de siete años, todo da a entender que comenzará con el pacto con el anticristo. Si a la mitad de la semana hará cesar el sacrificio y la ofrenda, es porque ya existe un lugar de ofrecer los sacrificios. Y este lugar tiene que ser el santuario.

Veamos algunos textos bíblicos que dan a entender que el lugar de adoración y ofrecer sacrificios estará en los últimos tiempos.

"Y se levantarán de su parte tropas que profanarán el santuario y la fortaleza, y quitarán el continuo sacrificio, y pondrán la abominación desoladora" (Daniel 11:31).

"Y desde el tiempo que sea quitado el continuo sacrificio hasta la abominación desoladora, habrá mil doscientos noventa días" (Daniel 12:11).

"Aún se engrandeció contra el príncipe de los ejércitos, y por él fue quitado el continuo sacrificio, y el lugar de su santuario fue echado por tierra. Y a causa de la prevaricación le fue entregado el ejército junto con el continuo sacrificio; y echó por tierra la verdad, e hizo cuanto quiso, y prosperó. Entonces oí a un santo que hablaba; y otro de los santos preguntó a aquel que hablaba: ¿Hasta cuándo durará la visión del continuo sacrificio, y la prevaricación asoladora entregando el santuario y el ejército para ser pisoteados? Y él dijo: Hasta dos mil trescientas tardes y mañanas; luego el santuario será purificado" (Daniel 8:11-14).

"Por tanto, cuando veáis en el lugar santo la abominación desoladora de que habló el profeta Daniel" (Mateo 24:15).

"Nadie os engañe en ninguna manera; porque no vendrá sin que antes venga la apostasía, y se manifieste el hombre de pecado, el hijo de perdición, el cual se opone y se levanta contra todo lo que se llama Dios o es objeto de culto; tanto que se sienta en el santuario de Dios como Dios, haciéndose pasar por Dios" (2 Tesalonicenses 2:3,4).

"Entonces me fue dada una caña semejante a una vara de medir, y se me dijo: Levántate, y mide el templo de Dios, y el altar, y a los que adoran en él" (Apocalipsis 11:1).

CAPÍTULO 10
¿Cuándo Serán Estas Cosas y Qué Señal Habrá de tu Venida?

Cuando Jesús y sus discípulos salían del templo de Jerusalén, sus discípulos hablaron de la majestuosidad del templo de sus piedras y edificios. Pero Jesús les contestó que aquellos edificios serían destruidos y que no quedará piedra sobre piedra que no sea derribada (Marcos 13:4). Fue entonces que los discípulos le preguntaron, ¿Cuándo serán estas cosas?

En el evangelio de Lucas vemos con detalles los acontecimientos que sucederán, que concluiría con la destrucción del templo. Es bien interesante notar que el capítulo 21 de Lucas, el versículo 12 es el comienzo de los sucesos que ocurrirán. Ocurrirá una persecución contra los judíos. En el versículo 20 da la señal que determina que la destrucción había llegado. Pero cuando viereis a Jerusalén rodeada de ejércitos, sabed entonces que su destrucción ha llegado.

Todo sucedió tal como Jesús lo había profetizado; los romanos sitiaron a Jerusalén y en el año 70 d. C. destruyeron el templo. Jesús añade que caerán a filo de espada y serán llevados cautivos a todas las naciones; y Jerusalén será hollada por los gentiles hasta que los tiempos de los gentiles se cumplan (Lucas 21:24).

En esta narración de los eventos que sucederían, no cabe duda que Jesús está poniendo en relieve la profecía de Daniel 9:26-27.

De manera que Lucas 21:12-24 narra las cosas que ocurrirían al pueblo judío. En Daniel 9:26 se establecía que luego de la muerte del Mesías, en algún momento sería la destrucción de Jerusalén. Lucas entonces dice que habría un periodo de persecución contra los judíos y terminaría cuando los ejércitos sitiaran a Jerusalén y la destruyeran. También habla sobre el destierro de la nación de Israel y la posesión de Jerusalén por los gentiles. Y que Jerusalén sería hollada (pisoteada) por los gentiles hasta que el tiempo de los gentiles se cumpla. (Lucas 21:24).

Lo que se establece en lo dicho por Jesús en los evangelios concerniente a los eventos que sucederían, es claro que Jesús acude al libro de Daniel 9:26-27 para hablar acerca de ellos. Es por tal razón que la narración señala dos eventos relevantes con vertientes diferentes Una, la destrucción de Jerusalén y el templo (Daniel 9:26); y la otra, la profanación del santuario a la mitad de la semana de siete años (Daniel 9:27), que sería en los últimos tiempos, antes de la Venida de Cristo.

Conforme a la profecía, la última semana de siete años no podía comenzar hasta que Jerusalén estuviera nuevamente en posesión de los judíos y el santuario fuese construido. Porque lo que se va a profanar es el lugar santo, el santuario (Mateo 24:15), conforme a Daniel 9:27.

En la actualidad ya Jerusalén pertenece al pueblo de Israel, esto ocurrió en el 1967 en la Guerra de los Seis Días. Y es en el Monte Moriah donde se debe edificar el templo de los judíos.

Ahora, luego de la destrucción de Jerusalén y la dispersión del pueblo judío, habrá un periodo de tiempo donde, según la profecía, el evangelio será predicado en todo el mundo para testimonio a todas las naciones (Mateo 24:14). Y cuando el evangelio cumpla su cometido, vendrá el fin, dando a entender que comenzaría el inicio del último tiempo con el comienzo de la semana última de siete años.

No cabe la menor duda que estamos viviendo los últimos tiempos. En la actualidad el evangelio ha sido predicado en todo el mundo. Por toda América se ha predicado el mensaje del evangelio de la Salvación en Cristo. El viejo mundo fue el origen del evangelio, ya que nuestro Señor Jesucristo era judío y nació en Belén de Judea. Desde Israel, el evangelio salió por todo el mundo y todos aquellos países fueron evangelizados por los hombres de Dios.

En la actualidad, se trata de decir que hay millones de personas que pertenecen al Islam que no han oído el evangelio de Jesucristo. Creemos que tal aseveración no es cierta. Ya que el Islam surgió en el 600 d. C. aproximadamente y ya para esta fecha el evangelio había sido predicado por todos aquellos contornos. También el Islam ha oído hablar de Jesús, ya que para ellos Jesús es uno de sus profetas. Ahora, si ellos no han aceptado a Jesús como su Salvador, no es porque no han oído hablar de Él, sino que no han querido reconocerlo como lo que en verdad es: el Salvador del mundo, Emmanuel, Dios con nosotros.

Es similar al pueblo de Israel, Jesús vino al pueblo de Israel, a lo suyo vino y los suyos no le recibieron. De manera que ellos rechazaron al Mesías y en la actualidad siguen esperando a su Mesías. No obstante, no podemos decir que porque el pueblo de Israel en aquella ocasión negó a Jesús, en la actualidad no han oído el evangelio. Ellos fueron los primeros en oír el evangelio, de manera que no tienen excusa.

Todas las naciones del mundo que profesan una fe religiosa como los hindúes, budistas, islámicos, entre otras, saben que en el mundo hay una fe religiosa basada en la persona de Jesucristo, que es el cristianismo. Por tanto, todos han escuchado y no tienen excusa. Es por tal razón que porque el evangelio ha sido predicado en todo el mundo, para testimonio a todas las naciones, que el fin ya viene.

Eventos que ocurrirán antes de la última semana

"Cuando estas cosas comiencen a suceder, erguíos y levantad vuestra cabeza, porque vuestra redención está cerca" (Lucas 21:28). El término redención es liberación. Cuando Jesús exhorta a levantar las cabezas porque la redención está cerca, está hablando del glorioso momento de la Venida de Cristo por los suyos (Romanos 8:19-23).

Jesús pone de relieve que cuando las cosas que habló comiencen a suceder, está cerca la redención. Como ya hemos hablado concerniente a la profecía de Jesús, que estaba entrelazada con Daniel 9:26-27, debemos entender que aquí Jesús se está refiriendo a los acontecimientos de los últimos tiempos. Por tal razón, considero que el punto de comienzo que habla este pasaje bíblico, que luego concluirá con la semana última, será cuando el tiempo de los gentiles se cumpla. Cuando Jerusalén deje de estar hollada por los gentiles y los judíos obtengan esas tierras.

Desde la perspectiva del evangelio de Lucas, el punto de enlace se encuentra en la liberación de Jerusalén. Es desde ese momento que comienza el concepto, "Cuando estas cosas comiencen a suceder". Luego los eventos nos llevarán a los últimos siete años. No cabe duda de que nos ha tocado vivir los últimos tiempos de este sistema. Notemos que desde los eventos de la destrucción de Jerusalén y el templo, según la profecía de Daniel 9:26 hasta los siete años que en Daniel 9:27, el punto de enlace es "Hasta que el tiempo de los gentiles se cumpla". Fue en el año 1967 que Jerusalén dejó de estar en poder de los gentiles y actualmente está en posesión de los judíos.

Veamos lo que dice John Hagee, fundador y pastor principal de la Cornerstone Church en San Antonio Texas: "Ese día es extremadamente importante en cuanto a las profecías, por ser el día del cual habló Lucas cuando dijo: 'Y Jerusalén será hollada por los gentiles, hasta que los tiempos de los gentiles se cumplan. Entonces verán al Hijo del Hombre, que vendrá en una nube con poder y gran gloria' (Lucas 21:24,27). Fue durante la Guerra de los Seis Días y la recapitulación del Muro Occidental que esta verdad profética se convirtió en realidad." (<u>Cuenta Regresiva a Jerusalén</u>, páginas 102, 103).

Mike Evans, reconocido como uno de los mejores expertos en asuntos referentes a Israel y el Medio Oriente dice: "Hoy Jerusalén sigue siendo la capital de Israel, el corazón mismo de la nación. Las palabras de Jesús, pronunciadas tantos años atrás, hacen la reconquista judía de la ciudad en el hecho en particular más profético en la historia desde que Juan terminó de escribir Apocalipsis en la isla de Patmos. Ahora, el tiempo de los gentiles llegó a su fin y se produjo un cambio de la guardia. Los hombres pueden discutir y pontificar, pero ocurrió algo irrevocable: los gentiles dejaron de hollar a Jerusalén. La historia dio un vuelco aunque pocos lo han notado. Durante el siglo diecinueve, los judíos empezaron a ser mayoría en la población de Jerusalén. Pero no fue hasta el 7 de junio de 1967 que a la ciudad amurallada, la ciudad vieja en el Monte del Templo, la dejaron de hollar los gentiles". (<u>Jerusalén Traicionada</u>, página 209).

Es de entenderse que el término que habló Jesús "Cuando estas cosas comiencen a suceder", está relacionado con las cosas que preceden a la última semana. Lucas dice: "Cuando comiencen a suceder, erguíos, levantad vuestra cabeza, porque vuestra redención está cerca... Así también vosotros, cuando veáis que suceden estas cosas, sabed que está cerca el reino de Dios" (Lucas 21:28-31). Es por tal razón que conforme al libro de Lucas, esas cosas comienzan a suceder cuando Jerusalén deje de estar en manos de los gentiles. Por tanto, desde el momento que veamos esas cosas comenzando a suceder, no cabe duda que la Venida de Cristo está cerca.

Veamos ahora las cosas que forman el enlace desde el 1967 hasta la última semana de siete años:

1. *La señal de la higuera:* "Mirad la higuera y todos los árboles. Cuando ya brotan, viéndolo sabéis por vosotros mismos que el verano esta cerca. Así también vosotros, cuando veáis que suceden estas cosas, sabed que está cerca el reino de Dios" (Lucas 21:29-31).

Esta parábola nos demuestra lo cerca e inminente que está la Venida de Cristo, cuando nos presenta a la higuera como ejemplo. En la primavera, cuando se ven los árboles echando sus brotes, ya la gente comprende que falta poco tiempo para que llegue el verano. De igual manera, cuando veamos estas señales, podremos comprender por nosotros mismos que la Redención ya está cerca, a las puertas. Por otro lado, podemos decir que la higuera es tipo del pueblo de Israel (Joel 1:7-12). Cuando veamos a Israel y su santa ciudad Jerusalén brotar como nación y posesión de los judíos es indicio que la Redención está cerca. La Venida de Cristo por su iglesia está a las puertas y nosotros en la actualidad estamos viendo las señales que anuncian el retorno de Cristo.

2. *La señal de la generación que no pasará:* "De cierto os digo, que no pasará esta generación hasta que todo esto acontezca. El cielo y la tierra pasarán, pero mis palabras no pasarán" (Lucas 21:32-33).

¿Qué generación? La generación que vea las señales que Jesús habló concerniente a su venida. La generación que vea el punto de partida hasta la consumación de todas las cosas, esa generación no pasará. Sus palabras no pasarán, Jesús lo dijo, y así será. Jesús habló a los judíos de aquellos tiempos y les dijo que la muerte de los profetas, su sangre vendría sobre ellos. "De cierto os digo que todo esto vendrá sobre esta generación" (Mateo 23:36). La generación que se refiere Jesús que vería el cumplimiento de Daniel 9:26 y que sufriría por haber desechado a los enviados de Dios, vio todo cumplido. Jesús murió a los 33 años, aproximadamente en el 28 d. C.; cuarenta y dos años después, en el 70 d. C., fue la destrucción predicha del templo y de Jerusalén. Así que esta generación fue de cuarenta y dos años hasta 50 años aproximadamente.

Ahora Jesús está hablando de la generación que verá el Retorno de Jesucristo. Cuando se leen estos pasajes bíblicos, todos los evangelios concuerdan que aparecerá la señal del Hijo del Hombre que vendrá en las nubes con poder y gloria. Es entonces que se habla que cuando estas cosas comiencen a suceder, erguíos y levantad vuestra cabeza porque vuestra redención está cerca (Lucas 21:28). Se está hablando de liberación, del Retorno de Cristo, de su venida a la tierra.

¿Qué generación? La generación que vea todas las cosas que Jesús habló. Naturalmente, concerniente a los acontecimientos que precederán antes que comience la última semana de siete años. Él aclara que observemos el ejemplo de la higuera. "De la higuera aprended la parábola. Cuando ya su rama está tierna y brotan las hojas, sabéis que el verano está cerca. Así también vosotros, cuando veáis todas estas cosas, conoced que está cerca de las puertas" (Mateo 24:33).

Jesús en esta parábola está hablando una verdad material para traer una verdad espiritual. La higuera es símbolo del pueblo de Israel. Por tanto, ya que la profecía de Daniel concernía a Israel y la santa ciudad Jerusalén (Daniel 9:24), es de entenderse que cuando

Israel fuese de los judíos y Jerusalén estuviera en manos del pueblo de Israel, sería como la higuera, cuando está su rama tierna y están brotando las hojas. De manera que cuando vean a Jerusalén nuevamente renacer, la generación que vea esto sabe que la Venida de Cristo está a las puertas.

Esta generación no pasará. Es esta misma generación que ve a Israel y Jerusalén renacer, la que escuchará el evangelio predicado en todo el mundo. Y también, oyendo de Jesús y el plan de salvación, esta generación desechará el evangelio de Cristo (Lucas 17:25).

3. La señal de las características de aquella generación: En el mismo evangelio de Mateo y en Lucas, Jesús habla cómo será aquella generación que verá a Israel renacer, que oirá el evangelio de Cristo y que desechará a Jesús. Será una generación con las características de los días de Noé.

Esto es interesante, porque Jesús dijo que el día y la hora nadie sabe (Mateo 24:36). Mas en cambio, le revela a su pueblo cuando entonces dice aunque nadie sabe el día ni la hora, no obstante les dice que será como en los días de Noé. "Mas como en los días de Noé, así será la venida del Hijo del Hombre. Porque como en los días antes del diluvio estaban comiendo y bebiendo, casándose y dando en casamiento, hasta el día en que Noé entró en el arca, y no entendieron hasta que vino el diluvio y se los llevó a todos, así será también la venida del Hijo del Hombre" (Mateo 24:37-39). Lucas 17:25-27 dice que será desechado por esta generación, como en el tiempo de Noé fue desechado Dios por aquella generación y no entendieron hasta que vino el diluvio.

De manera que al ser el evangelio predicado en todo el mundo, las naciones en vez de arreglar sus cuentas con Dios, van a proseguir en sus pecados y vida mundana alejados del Señor, como sucedió en los días de Noé. Querido lector, ¿No son estos tiempos similares a los de Noé? Sé tú mismo el juez y te darás cuenta que esta generación no pasará. "Mas como en los días de Noé; así será la venida del Hijo del Hombre" (Mateo 24:37). "Pero primero es necesario que padezca mucho, y sea desechado por esta generación. Como fue en los días de Noé, así también será en los días del Hijo del Hombre" (Lucas 17:25-26).

La generación antes del retorno de Cristo será una generación ingrata, no respetarán ni honrarán a Dios. Vivirán para sus propios deleites, intereses y anhelos. Profesarán conocer a Dios pero con sus hechos lo negarán. Hombres corruptos, amadores de los deleites más que de Dios. Esta generación que es sin duda la actual, esta generación no pasará.

4. La señal de enfriamiento del amor y la apostasía: "Y por haberse multiplicado la maldad, el amor de muchos se enfriará" (Mateo 24:12). Habrá un incremento en la maldad antes de la Venida de Cristo. Aumentará la iniquidad, se multiplicará la maldad. Esto producirá un enfriamiento en el amor. El pensamiento y el deseo de los corazones serán de completo mal. En 2 Timoteo 3, el Apóstol hace una predicción de la apostasía final y de los rasgos siniestros que caracterizarán a los malvados de aquellos días.

En los postreros días, cuando la apostasía y el enfriamiento del amor estén en su apogeo, habrá vertientes de enseñanzas que serán muy notorias, antes del retorno de Cristo.

a) Un evangelio de falsa gracia barata acompañada de un libertinaje rampante. Estos movimientos promoverán el pecado para que así la gracia aumente. Estos no tendrán ni una chispa de haber muerto al pecado, todo lo contrario, promoverán el pecado como estilo de vida. También harán del pecado su estilo de vida y se ampararán en que no están bajo ninguna ley sino total gracia. Tendrán apariencia de piedad, pero negarán la eficacia de ella. Son amadores del placer y deleites más que de Dios. No tienen dominio de sí mismos, por lo que están a merced de sus bajos instintos, son tan orgullosos que se vuelven infatuados y no prestan atención a nadie, son "los que todo lo saben". Estos niegan el poder de la piedad. La verdadera piedad contiene un dinamismo sobrenatural que se proyecta en una vida generada y transformada.

Estos son los que se meten en las casas y llevan cautivas a las mujercillas cargadas de pecados, arrastradas por diversas concupiscencias. La seducción no es sólo ideológica, sino también sexual. Tales maestros son los que dicen que la materia es mala y por tal razón pecan. Y como es en el cuerpo, según ellos, son éticamente inocentes. Estos son hombres de mente corrompida. Estos son los que siguen los deseos de la carne, andan en concupiscencia e inmundicia y desprecian el señorío de Cristo.

Son falsos maestros que introducen herejías destructivas, llegando a negar con sus acciones al Soberano Señor. Por causa de ellos caerá al descrédito el camino de la verdad; llevando cuentos que ellos mismos habrán inventado. En su libertinaje sus enseñanzas de error se extenderán como gangrena. Estos malvados van marchando continuamente tras la carne en concupiscencia de impureza. Estos malvados rebosarán impureza por todos sus poros, de tal manera que huelen a podredumbre. Marchan tras de la carne, siguen el dictado de la carne, como de un maestro. Son impuros y viciosos, que se deleitan de sus embustes mientras comen con los demás. Sus ojos están llenos de adulterio, nunca cesan de pecar y seducen a las personas inestables. Tienen una tendencia al libertinaje, apoyando la práctica de una falsa interpretación de la doctrina paulina. Le prometen libertad a la gente y son ellos mismos esclavos de corrupción. Porque el que es vencido por alguno es hecho esclavo del que lo venció. (Henry 1989. 429, 430).

b) Un evangelio basado en una fuente de ganancia (1 Timoteo 6:5-9). Estos son los que se han extraviado de la verdad y se figuran que la religión es un medio de hacer negocio. Se sirven de la religión para su lucro personal. Estos han tomado la casa de Dios, que es casa de adoración, y la han convertido en cueva de ladrones.

Estos al igual que Satanás, se han llenado de iniquidad a causa de sus muchas contrataciones o negocios (Ezequiel 28:16-18). Este es el evangelio de la arrogancia, vanidad, soberbia y pretensión. Es el evangelio de la manipulación y el engaño. Su fin es llenar sus arcas y lucrarse a costa de las almas ingenuas. Estos tienen las mejores casas, autos y un vanidoso estilo de vida; mientras sus seguidores están llenos de deudas y compromisos financieros tratando de ayudar a Dios con sus criterios.

La descripción de la iglesia de la Laodicea se ajusta mucho a estos comerciantes y negociantes del evangelio. Esta iglesia se jactaba de que era rica y no tenía necesidad de nada. Pero era una iglesia tibia, sin compromiso santo y dedicación sincera. Esta iglesia era una desventurada, miserable, pobre, ciega y desnuda. Jesús dijo que estaba a la puerta de ella y que se arrepintieran para él poder entrar. Pablo le exhorta a Timoteo a apartarse de estos que toman la piedad como fuente de ganancia (1 Timoteo 6:5).

c) *El negocio piramidal.* "Porque nadie puede poner otro fundamento que el que esta puesto, el cual es Jesucristo" (1 Corintios 3:11). Cada uno edifica encima, pero cada uno mire como sobreedifica.

"Edificados sobre el fundamento de los apóstoles y profetas, siendo la principal piedra del ángulo Jesucristo mismo" (Efesios 2:20).

"Dios, habiendo hablado muchas veces y de muchas maneras en otro tiempo a los padres por los profetas, en estos postreros días nos ha hablado por el Hijo" (Hebreos 1:1).

"Toda la Escritura es inspirada por Dios, y útil para enseñar, para redargüir, para corregir, para instruir en justicia, a fin de que el hombre de Dios sea perfecto, enteramente preparado para toda buena obra" (2 Timoteo 3:16,17).

"Tenemos también la palabra profética más segura, a la cual hacéis bien en estar atentos como una antorcha que alumbra en lugar oscuro, hasta que el día esclarezca y el lucero de la mañana salga en vuestros corazones; entendiendo primero esto, que ninguna profecía de la Escritura es de interpretación privada, porque nunca la profecía fue traída por voluntad humana, sino que los santos hombres de Dios hablaron siendo inspirados por el Espíritu Santo" (2 Pedro 1:19-21).

En la armadura de Dios, la espada del Espíritu es la palabra de Dios (Efesios 6:17).

El grave problema

"Porque vendrá tiempo cuando no sufrirán la sana doctrina, sino que teniendo comezón de oír, se amontonarán maestros conforme a su propias concupiscencias, y apartarán de la verdad el oído y se volverán a las fábulas" (2 Timoteo 4:3,4). En la actualidad ha ocurrido un big-bang, de ministerios, un fenómeno dentro de grupos cristianos independientes. Un semillero de maestros que están enseñando nuevas doctrina y enseñanzas. De la noche a la mañana han aparecido muchos con títulos ministeriales, es como una plaga, es una pandemia.

¿Qué mueve a estos ministros que originalmente tenían el título de pastores y posteriormente ha sido cambiado a otro título ministerial? ¿Acaso no fueron llamados al ministerio pastoral y ellos mismos se llamaron pastores? Este movimiento actual no es otra cosa que algo bien orquestado para servirse de la iglesia tomando control de las personas. Los títulos que se otorgan son para su alago. Todo lo que buscan es establecerse un título para ser adulados. Títulos que le den prestigio y honor y les haga verse más grandes que los demás. Hacen todas sus obras para ser vistos por los hombres. Todo es un culto a la personalidad y el protagonismo. Están ensimismados y llenos de egocentrismo. Tienen la enfermedad del narcisismo.

Ellos consideran el ministerio pastoral como algo de menor rango. No obstante, Jehová es nuestro Pastor y a mucha honra. Les encanta ser los primeros y que los hombres los alaguen. Se sientan en las primeras mesas y sillas y les gusta exponer sus habilidades de oratoria. Están llenos de egoísmo y vanagloria. Este es el evangelio de la arrogancia y la manipulación. Su fin es llenar sus arcas y lucrarse a causa de los ingenuos.

Pablo habló de ellos, "Los que toman la piedad como fuente de ganancia, apártate de los tales" (1 Timoteo 6:5). Estos caen en tentación, en codicias necias y engañosas.

¿Por qué digo que son los que toman la piedad como fuente de ganancia? Veamos: Estos grupos se asemejan a un negocio piramidal. En estos negocios los que están arriba son los que se benefician. Estos ministerios son personas que tienen su propia iglesia la cual dirigen; muchas son congregaciones grandes, donde a través de sus donaciones en diezmos y ofrendas suplen para las necesidades del alfolí.

Este ministerio recibe su salario y los beneficios marginales por su servicio, que naturalmente si es una iglesia grande son mejor remunerados. Pero como es un negocio piramidal, ellos establecen el concepto de protección, donde un líder le da cobertura a otro. Por tanto, si un ministerio tiene, digamos cinco que están bajo su cobertura, esos cinco ministerios le tienen que dar el diezmo de los diezmos de sus iglesias. ¿A quién le tienen que dar esos diezmos? Al líder que está por encima de ellos. De manera que ese líder tiene salario ministerial de su iglesia y ahora recibe diezmos de los que están bajo su cobertura.

Pero aquí no termina todo, entonces como están enlazados unos con otros, constantemente se invitan a sus congregaciones para que les ministre y de ahí se les da una suculenta ofrenda. Para colmo, constantemente están haciendo congresos, por los que casi siempre cobran, donde el fin es motivar a su gente, darle alguna enseñanza y darle una gran ofrenda a sus conferencistas y llenar sus arcas. Díganme si esto no es un negocio y si esto no es tomar la piedad como fuente de ganancia.

Pueblo escucha

Lo que se recibió por gracia (de gratis), de gratis debe darse. Estos ministerios son pura manipulación, se está vendiendo el evangelio. A través del trabajo duro de ustedes ellos viven pomposamente.

CAPÍTULO 11
La Diáspora del Pueblo de Israel

El profeta Ezequiel habló concerniente a los años que duraría la dispersión del pueblo de Israel: "Tú, hijo de hombre, tómate un adobe, y ponlo delante de ti, y diseña sobre él la ciudad de Jerusalén. Y pondrás contra ella sitio, y edificarás contra ella fortaleza, y sacarás contra ella baluarte, y pondrás delante de ella campamento y colocarás contra ella arietes alrededor. Tómate también una plancha de hierro, y ponla en lugar de muro de hierro entre ti y la ciudad; afirmarás luego tu rostro contra ella, y será en lugar de cerco y la sitiarás. Es señal a la casa de Israel.

Y tú te acostarás sobre tu lado izquierdo y pondrás sobre él la maldad de la casa de Israel. El número de los días que duermas sobre él, llevarás sobre ti la maldad de ellos. Yo te he dado los años de su maldad por el número de los días, trescientos noventa días; y así llevarás tú la maldad de la casa de Israel. Cumplidos éstos, te acostarás sobre tu lado derecho segunda vez, y llevarás la maldad de la casa de Judá cuarenta días; día por año, día por año te lo he dado" (Ezequiel 4:1-6).

Y dijo Jehová: "Así comerán los hijos de Israel su pan inmundo, entre las naciones a donde los arrojaré yo" (Ezequiel 4:13). "Y te convertiré en soledad y en oprobio entre las naciones que están alrededor de ti, a los ojos de todo transeúnte. Y serás oprobio y escarnio y escarmiento y espanto a las naciones que están alrededor de ti cuando yo haga en ti juicios con furor e indignación, y en reprensiones de ira. Yo Jehová he hablado" (Ezequiel 5:14-15).

Esta profecía de Ezequiel fue aproximadamente en el año 597 a. C. En ella se habla de 390 días y 40 días que vendrán siendo 430 años. La profecía está hablando acerca de la dispersión del pueblo de Israel y todas las calamidades que padecerían por causa de sus pecados. El propósito de esta profecía es hacer saber el tiempo el cual los judíos estarían esparcidos entre las naciones. "Así comerán los hijos de Israel su pan inmundo, entre las naciones a donde los arrojaré yo" (Ezequiel 4:13).

¿Cuándo comenzarán a correr estos años de la profecía de Ezequiel? Estos 430 años comenzarían cuando Jerusalén fuera desolada. En Jeremías 25 habla acerca de setenta años de desolación. "Toda esta tierra será puesta en ruinas y en espanto; y servirán estas naciones al rey de Babilonia setenta años" (Jeremías 25:11). Esto comenzó con la deportación y cautiverio del rey Joaquín.

"De dieciocho años era Joaquín cuando comenzó a reinar y reinó en Jerusalén tres meses. El nombre de su madre fue Nehusta hija de Elnatán, de Jerusalén... En aquel tiempo subieron contra Jerusalén los siervos de Nabucodonosor rey de Babilonia, y la ciudad fue sitiada... Entonces salió Joaquín rey de Judá al rey de Babilonia, él y su madre, sus siervos, sus príncipes y sus oficiales; y lo prendió el rey de Babilonia en el octavo año de su reinado... Y llevó en cautiverio a toda Jerusalén, a todos los príncipes, y a todos los hombres valientes, hasta diez mil cautivos, y a todos los artesanos y herreros; no quedó nadie excepto los pobres del pueblo de la tierra" (2 Reyes 24:8-17).

Jeremías confirma que fue en este tiempo que comenzaron a correr los 70 años de cautiverio. "Estas son las palabras de la carta que el profeta Jeremías envió de Jerusalén a los ancianos que habían quedado de los que fueron transportados, y a los sacerdotes y profetas y a todo el pueblo que Nabucodonosor llevó cautivo de Jerusalén a Babilonia. Después que salió el rey Jeconías (Joaquín), la reina, los del palacio, los príncipes de Judá y de Jerusalén, los artífices y los ingenieros de Jerusalén" (Jeremías 29:1-12). Porque así dijo Jehová: "Cuando en Babilonia se cumplan los setenta años yo os visitaré y despertaré sobre vosotros mi buena palabra" (Jeremías 29:10). De manera que Jeremías pone como el comienzo de la desolación de Jerusalén cuando su último rey Joaquín fue capturado, esto en el año 597 a. C. Después reinó Sedequías, pero éste fue puesto por Nabucodonosor (2 Reyes 24:17).

De manera, que si a los 430 años les restamos 70 años, nos quedan 360 años. Usando a Levítico 26:18, si el pueblo no obedecía y continuaba en sus pecados, el castigo sería 360 veces 7, o sea 2,520 años. Por tanto, tomando como punto de partida el cautiverio de Joaquín en el año 597 a. C., sería 597 – 70 = 527. Pero como el pueblo no obedeció, hay que poner 2,520 años desde esta fecha. Esto nos llevaría al año 1994 d. C., pero como el reloj de Dios es de 360 días año, hay una diferencia con el actual de 28 años. Lo que indica que 1994 se le restan 28 años, 1994 – 28 = 1966. Fue en el año 1966 que concluyeron los años de dispersión del pueblo judío. Acordándonos que la profecía siempre estuvo relacionada con la ciudad de Jerusalén. Fue en el año 1967 que Jerusalén vino a estar en propiedad del pueblo de Israel.

Hablar de la Venida de Jesucristo antes del retorno del pueblo de Israel a su nación era algo imposible. Claramente la Biblia establece que el pueblo de Israel estaría en su tierra antes de la Venida de Cristo.

El Señor habló a mi corazón y me dijo si quieres saber de mi venida busca al pueblo de Israel; no cabe duda que el pueblo de Israel es el reloj de Dios. Desde el año 70 d. C. el pueblo judío comenzó su éxodo de la tierra de Israel y fueron dispersados por todo el mundo, eso es lo que se conoce como la diáspora. Después de muchos años, en el año 1885, se fundó el movimiento "Amor a Sión" por Teodoro Herzl, dramaturgo y periodista judío. Para el año 1850 solo había 12 mil judíos en Palestina. Para el año 1882 ya había unos 35 mil y para la primera guerra mundial había 85 mil. Por un mandato británico o declaración Balfour el 2 de noviembre del 1917, Inglaterra planteo a la ONU en el 1947 la repartición de tierras en los estados independientes. Al año siguiente ya había 350 mil judíos en Palestina. En el año 1948 Israel levanto su bandera como nación la bandera de la estrella de David.

En el siglo 20, Adolfo Hitler y los alemanes mataron sobre 6 millones de judíos; de esos 1 millón cuatrocientos mil fueron niños. ¿Quién salió en defensa de los judíos? Nadie, absolutamente nadie. Estas fueron las palabras de Ben Gurion: "Ya no le correremos a nadie, no esperaremos que nadie nos defienda, nos defenderemos solos, no permitiremos que nos aniquilen nunca más."

En Daniel 12:6 éste preguntó: "¿Cuándo será el fin de estas maravillas?" Se está refiriendo al tiempo del fin, cuando surgirá la gran tribulación. El varón vestido de lino le dijo que será por tiempo, tiempos, y la mitad de un tiempo (3 años y medio). Él está hablando de la mitad de la semana de siete años, que es cuando el anticristo pondrá la abominación desoladora y entonces vendrá la gran tribulación. Afirmó que cuando se acabe la dispersión del poder del pueblo santo, todas estas cosas serán cumplidas (Daniel 12:7), lo que indica que cuando la diáspora llegara a su final e Israel fuera restaurado, todas las cosas serán cumplidas.

El Apóstol Pedro dijo "Y él envíe a Jesucristo, que os fue antes anunciado; a quien de cierto es necesario que el cielo reciba hasta los tiempos de la restauración de todas las cosas, de que habló Dios por boca de sus santos profetas que han sido desde tiempos antiguos" (Hechos 3:20,21). Pedro da a entender que cuando llegue la autonomía del pueblo de Israel, Jesucristo sería enviado.

Hoy existe la nación de Israel desde el 1948 y luego en el 1967 Jerusalén vino a pertenecerle a los judíos. Los judíos tienen su nación y los que están en diferentes partes del mundo están volviendo a su tierra. Cuando la restauración de todas las cosas ocurran, entonces Jesucristo vendrá (Hechos 3:20-21).

La higuera está floreciendo y sus ramas están tiernas y esta generación que vea todo esto será la que no pasará.

La restauración de Israel

El 14 de mayo de 1948, Israel nuevamente fue declarado una nación. La bandera de la estrella de David ondeó en la tierra de Israel. En el 1967 Jerusalén fue conquistada por los judíos y en el 1980 fue proclamada como capital de la nación.

Dios habló de la restauración de Israel: "Y yo os tomaré de las naciones, y os recogeré de todas las tierras, y os traeré a vuestro país" (Ezequiel 36:24).

"Me dijo luego: Hijo de hombre, todos estos huesos son la casa de Israel. He aquí, ellos dicen: Nuestros huesos se secaron, y pereció nuestra esperanza, y somos del todo destruidos. Por tanto, profetiza, y diles: Así ha dicho Jehová el Señor: He aquí yo abro vuestros sepulcros, pueblo mío, y os haré subir de vuestras sepulturas, y os traeré a la tierra de Israel" (Ezequiel 37:11-12). "Así ha dicho Jehová el Señor: He aquí, yo tomo a los hijos de Israel de entre las naciones a las cuales fueron, y los recogeré de todas partes, y los traeré a su tierra" (Ezequiel 37:21).

La prosperidad de Israel

"Y traeré del cautiverio a mi pueblo Israel, y edificarán ellos las ciudades asoladas, y las habitarán; plantarán viñas, y beberán el vino de ellas, y harán huertos, y comerán el fruto de ellos" (Amós 9:14).

"Y tú, hombre, habla en nombre mío a las montañas de Israel, y diles que escuchen mi palabra. Yo, el Señor, digo: Los enemigos de Israel se creen dueños ya de las montañas eternas. Pues bien, habla en mi nombre y diles: "Esto dice el Señor: De todas partes las atacan a ustedes y las destruyen; todos los pueblos extranjeros se han apoderado de ustedes, y la gente las trata con burla y desprecio. Por lo tanto, montañas de Israel, escuchen el mensaje del Señor a las montañas, colinas, ríos y valles; a las ruinas despobladas y a las ciudades desiertas de Israel, que han sido saqueadas por los pueblos vecinos y que han sido objeto de burla por parte de ellos. Esto dice el Señor: Mis palabras van encendidas de enojo contra los otros pueblos, y en especial contra todo Edom, porque con gran alegría se apoderaron de mi tierra y con profundo desprecio saquearon sus campos."

"Habla en mi nombre acerca de la tierra de Israel, y di: Esto dice el Señor a las montañas, colinas, ríos y valles: Yo tengo palabras de ira y furor, por los insultos que han sufrido ustedes de parte de las naciones extranjeras. Por lo tanto yo, el Señor, juro que los pueblos vecinos de ustedes se verán cubiertos de vergüenza. Ustedes, en cambio, montañas de Israel, estarán cubiertas de árboles grandes y con mucho fruto para mi pueblo Israel, que ya está a punto de regresar. Yo las voy a proteger, y haré que sean cultivadas y sembradas. Haré que aumente mucho el pueblo de Israel que vive allí. Las ciudades se llenarán de habitantes, y las ruinas serán reconstruidas. Haré que aumenten en ustedes los hombres y los animales, y que se hagan muy numerosos. Habrá tantos habitantes como antes, y ustedes estarán mejor que en el pasado. Entonces reconocerán que yo soy el Señor. Haré que mi pueblo camine sobre ustedes, montañas de Israel, y que tomen ellos posesión de ustedes como dueños, y ustedes no volverán a dejarlos sin hijos".

"Yo, el Señor, digo: A ustedes, montañas, las acusan de comerse a la gente y de dejar sin hijos a su pueblo. Pues bien, ustedes no volverán a comerse a la gente ni a dejar sin hijos a su pueblo. Yo, el Señor, lo afirmo. No permitiré que oigan de nuevo los insultos de las naciones extranjeras; no recibirán más ofensas de esos pueblos, porque ustedes no volverán a dejar sin hijos a su pueblo. Yo, el Señor, lo afirmo."

"El Señor se dirigió a mí, y me dijo: Cuando los israelitas vivían en su tierra, la profanaron con sus malas acciones. Su manera de vivir era para mí algo sucio y repugnante. Entonces descargué mi ira sobre ellos por los asesinatos que cometieron en el país y por la manera en que lo profanaron adorando a los ídolos, y en castigo de sus malas acciones los dispersé entre los demás países y naciones. Pero en todos los pueblos a donde ellos llegaban, ofendían mi santo nombre, pues la gente decía: Éstos son el pueblo del Señor, pero tuvieron que salir de su país. Entonces me dolió ver que, por culpa de Israel, mi santo nombre era profanado en cada nación adonde ellos llegaban".

"Por eso, dile al pueblo de Israel: Esto dice el Señor: Lo que voy a realizar no es por causa de ustedes, israelitas, sino por mi santo nombre, que ustedes han ofendido entre las naciones a donde han ido. Yo voy a mostrar ante las naciones la santidad de mi gran nombre, que ustedes han ofendido entre ellas; cuando yo lo haga, ellas reconocerán que yo soy el Señor. Yo, el Señor, lo afirmo. Yo los sacaré a ustedes de todas esas naciones y países; los reuniré y los haré volver a su tierra. Los lavaré con agua pura, los limpiaré de todas sus impurezas, los purificaré del contacto con sus ídolos; pondré en ustedes un corazón nuevo y un espíritu nuevo. Quitaré de ustedes ese corazón duro como la piedra y les pondré un corazón dócil. Pondré en ustedes mi espíritu, y haré que cumplan mis leyes y decretos; vivirán en el país que di a sus padres, y serán mi pueblo y yo seré su Dios. Los libraré de todo lo que les manche. Haré que el trigo abunde, y no volveré a enviarles hambre. Haré también que los árboles y los campos den más fruto, para que ustedes no vuelvan a pasar vergüenza delante de las otras naciones por causa del hambre. Y cuando se acuerden de su mala conducta y de sus malas acciones, sentirán vergüenza de ustedes mismos por sus pecados y malas acciones. Yo, el Señor, lo afirmo: Sepan, israelitas, que no hago esto porque ustedes lo merezcan; sientan vergüenza y confusión por su conducta".

"Yo, el Señor, digo: Cuando yo los purifique de todos sus pecados, haré que vivan en sus ciudades y que reconstruyan las ruinas. La tierra que había quedado desierta, en vez de quedar desierta será cultivada a la vista de todos los que pasan. Y se dirá: Esta tierra, que había quedado desierta, ahora se parece al jardín de Edén; las ciudades que habían sido destruidas, arrasadas y dejadas en ruinas, ahora son unas fortalezas y están habitadas. Entonces los pueblos vecinos que queden con vida reconocerán que yo, el Señor, reconstruyo lo destruido y vuelvo a sembrar lo arrasado. Yo, el Señor, lo he dicho, y lo realizaré".

"Yo, el Señor, digo: Aún haré algo más. Concederé al pueblo de Israel lo que me pida que haga por ellos; multiplicaré su gente como un rebaño. Las ciudades en ruinas se llenarán de tanta gente, que se parecerán a las ovejas que en las fiestas se llevan a Jerusalén para ofrecerlas en sacrificio". (Ezequiel 36:1-38, Dios Habla Hoy).

Hoy Israel está disfrutando de estas profecías. La tierra de Israel está produciendo sus frutos y sus alimentos. Hay mucha siembra y agricultura. Tienen industrias de minerales y manufacturas. Estamos viendo lo que Dios dijo por medio de sus profetas.

La transgresión de Israel

Concerniente a las 70 semanas de Daniel, sesenta y nueve concluirían con la muerte del Mesías. Los israelitas eran los que tenían la adopción, la gloria, el pacto, la promulgación de la ley, el culto y las promesas de quienes son los patriarcas y de los cuales, según la carne, vino Cristo (Romanos 9:4-5). De manera que Cristo vino a lo suyo y los suyos no le recibieron (Juan 1:11). Fue por tal razón que en el reloj de Dios, de las 70 semanas, al concluir la semana 69 y los judíos rechazar a Jesús y darle muerte, el reloj de Dios se detuvo en la semana 69 y quedó una semana de siete años pendiente.

No obstante desde la muerte de Cristo, aproximadamente en el 28 d. C., Dios finalizó la profecía de Daniel 9:26, que concluiría con la destrucción de Jerusalén y el templo. Este plazo de tiempo desde el rechazo hasta la destrucción duró un promedio de 42 años.

Ante este rechazo del pueblo de Israel, el Apóstol Pablo pregunta: "¿Han tropezado los hijos de Israel para que cayesen? En ninguna manera; pero por su transgresión vino la salvación a los gentiles para provocarlos a celos" (Romanos 11:11). Es como si Pablo estuviera diciendo es un tropiezo, pero no una caída para siempre. Cuando el pueblo de Israel rechaza al Mesías, su transgresión provoca la salvación y predica a los gentiles (Romanos 11:11). Al los judíos negar a Jesús, Dios preparó el terreno para que la gracia del evangelio fuese predicada a los gentiles. Así que la transgresión de Israel se convirtió en la riqueza del mundo y su exclusión, la riqueza de los gentiles (Romanos 11:12). Al Israel rechazarlo, la salvación se propagó a los gentiles.

La restauración de Israel

¿Qué provocó su rechazo? Riquezas al mundo, a los gentiles y reconciliación al mundo. ¿Qué provocará su reconciliación, su admisión? Pablo habla de la conversión de Israel en el futuro. "Porque no quiero, hermanos, que ignoréis este misterio, para que no seáis arrogantes en cuanto a vosotros mismos: que ha acontecido a Israel endurecimiento en parte, hasta que haya entrado la plenitud de los gentiles; y luego todo Israel será salvo, como está escrito" (Romanos 11:25-26).

Pablo habla de un misterio, esto significa algo que se desconocía y estaba escondido, pero que será revelado. El asunto de que Israel será salvo, no es misterio alguno ya que los profetas hablaron de ello. Por tanto el misterio que se refiere el Apóstol Pablo es que ha acontecido a Israel endurecimiento en parte, hasta que haya entrado la plenitud de los gentiles. Lo que indica que Israel sería endurecido, la nación sería dispersa, la evangelización estaría en las manos de los gentiles hasta que llegase la plenitud de los gentiles. De manera que Dios cegó a Israel y la salvación del evangelio pasó a los gentiles. Y esta gracia de la salvación llegará hasta la salvación de los que Dios ha determinado, entrando la plenitud de los gentiles.

La admisión de Israel, "Porque si su exclusión es la reconciliación del mundo, ¿qué será su admisión, sino vida de entre los muertos?" (Romanos 11:15). El avivamiento para Israel será la conclusión de los gentiles, porque su endurecimiento es hasta que haya entrado la plenitud de los gentiles. Al Israel rechazar a Jesús, trajo la riqueza y reconciliación al mundo, al Israel tener su admisión, traerá la resurrección de los muertos. Esta resurrección es la Venida de Cristo por su iglesia. Israel rechazó, entraron los gentiles. Israel entró, salen los gentiles. Es ahí cuando los siete años comienzan a correr, vendrá el despertamiento de Israel con los dos testigos (Apocalipsis 11) y los 144,000 sellados del pueblo de Israel. Y es durante ese despertar de Israel donde buscarán al Mesías, y la Iglesia de Jesucristo se irá a los cielos.

Cuando dice que su admisión "¿Qué será sino de vida de entre los muertos?, claramente está indicando que el volverse Israel a Dios, reconociendo a Jesús como el Mesías, traerá como consecuencia que los muertos reciban la vida. Esto está totalmente relacionado con el arrebatamiento de la iglesia, donde los muertos en Cristo resucitarán.

CAPÍTULO 12
La Cronología Bíblica

Para tomar una fecha como punto de partida y para poder ver claramente la cronología bíblica, fue necesario acudir a los historiadores. Gracias a los historiadores, que con la gran ayuda de la arqueología, han podido fijar fechas importantes. Los historiadores han podido fijar con certeza que el reinado de Nabucodonosor comenzó en el 605 a. C. y partiendo de esta fecha han podido fijar otros acontecimientos históricos.

Basado en este hecho del año 605 como el del reinado de Nabucodonosor, tomamos esta fecha como punto de partida para lograr la cronología bíblica. Toda la demás información de años y fechas son tomados de la Biblia. Conforme a la cronología adquirida, el comienzo de la creación de Adán fue en el 4008 a. C.

El lector puede ir paso a paso viendo los pasajes bíblicos con años que dan estos datos.

Antes de Cristo, debemos de entender que las fechas van de más a menos, venían en descenso. Después de Cristo, la fechas van de menos a más, van en ascenso. Podrá ver a través de la cronología bíblica, fechas que denotan sucesos importantes en la historia. También es vital que entendamos que basado en la cronología bíblica, en el reloj de Dios los años se cuentan de 360 días.

Aquí presentamos las edades desde Adán hasta el diluvio conforme a Génesis 5, y desde el diluvio hasta el llamado de Abraham conforme al Génesis 11:

Génesis Capítulo 5:

	Edad cuando nació su hijo	Edad total
Adán	130	930
Set	105	912
Enós	90	905
Cainán	70	910
Mahalaleel	65	895
Jareb	162	962
Enoc	65	365
Matusalén	187	969
Lamec	182	777
Noé	500	950
Sem (Diluvio)	100	600
	1,656	

Génesis Capítulo 11:

	Edad cuando nació su hijo	Edad total
Después de Diluvio	2	
Arfaxad	35	438
Sala	30	433
Heber	34	464
Peleg	30	239
Rev	32	239
Serug	30	230
Nacor	29	148
Taré	130	205
Abraham al entrar a Canaán	<u>75</u>	
	427	

Cronología Bíblica:

Tiempo (a. C.)	Suceso	Referencia	Tiempo
4008	Creación de Adán	Gén. 2:7	0
3878	Adán engendró a Set	Gén. 5:3	130
3773	Set engendró a Enós	Gén. 5:6	235
3683	Enós engendró a Cainán	Gén. 5:9	325
3613	Cainán engendró a Mahalaleel	Gén. 5:12	395
3548	Mahalaleel engendró a Jareb	Gén. 5:15	460
3386	Jareb engendró a Enoc	Gén. 5:18	622
3321	Enoc engendró a Matusalén	Gén. 5:21	687
3134	Matusalén engendró a Lamec	Gén. 5:25	874
3078	Muerte de Adán (930 años)	Gén. 5:5	930
2952	Lamec engendró a Noé	Gén. 5:28	1056
2452	Noé engendró a Sem	Gén. 5:32	1556
2347	Muerte de Matusalén (diluvio)	Gén. 11:10	1656
2350	Sem engendró a Arfaxad	Gén. 11:10	1658
2315	Arfaxad engendró a Sala	Gén. 11:12	1693

2285	Sala engendró a Heber	Gén. 11:14	1723
2251	Heber engendró a Peleg	Gén. 11:16	1757
2221	Peleg engendró a Rev	Gén. 11:18	1787
2189	Rev engendró a Serug	Gén. 11:20	1819
2159	Serug engendró a Nacor	Gén. 11:22	1849
2130	Nacor engendró a Tare	Gén. 11:24	1878
2002	Muerte de Noé	Gén. 9:28	2006
2000	Tare engendró a Abraham	Gén. 11:26	2008
1990	Nace Sara		2018
1925	Muerte de Tare		
	(Llamamiento de Abraham)	Gén. 11:32	2083
1914	Abraham engendró a Ismael	Gén. 16:16	2094
1900	Abraham engendró a Isaac	Gén. 21:5	2108
1863	Muerte de Sara	Gén. 23:1	2145
1860	Isaac se casa	Gén. 25:20	2148
1850	Muerte de Sem (600 años)	Gén. 11:10	2158
1840	Isaac engendró a Esaú y Jacob	Gén. 25:26	2168
1825	Muerte de Abraham	Gén. 25:7	2183
1749	Jacob engendró a José	Génesis	2259
1720	Muerte de Isaac	Gén. 35:28	2288
1712	El hambre en los tiempos		
	de José (7 años)	Génesis	2296
1693	Muerte de Jacob	Gén. 47:28	2315
1639	Muerte de José	Gén. 50:26	2369
1575	Nace Moisés		2433
1495	Salida Israel de Egipto	Gál. 3:17	2513
		Éx. 12:40,41	
1455	Entrada a la tierra prometida		2553
1019	Reinado de Salomón	2 Crón 9:30	2989
1015	Salomón comienza a edificar		
	el templo	1 Re. 6:1	2993
979	Reinado de Roboam	1 Re. 14:21	3029
962	Reinado de Abiam (Judá)	1 Re. 15:1,2	3046
959	Reinado de Asa (en Judá)	1 Re. 15:9,10	3049
918	Reinado de Josafat	1 Re. 22:41,42	3090
		2 Crón 20:31	
893	Reinado de Joram	2 Crón 21:4, 5	3115
885	Reinado de Ocozías	2 Re. 8:25, 26	3123
884	Reinado de Atalía	2 Re. 11:3	3124
878	Reinado de Joas	2 Re. 12:1	3120

La Cronología Bíblica

838	Reinado de Amasías	2 Re. 14: 1,2	3170
809	Reinado de Uzías	2 Re. 15:1,2	3199
		2 Crón 26:3	
757	Reinado de Jotam	2 Re. 15:32,33	3251
741	Reinado de Acaz	2 Re. 16:2	3267
725	Reinado de Ezequías	2 Re. 18:2	3283
696	Reinado de Manasés	2 Re. 21:1	3312
641	Reinado de Amón	2 Re. 21:19	3367
639	Reinado de Josías	2 Re. 22:1	3369
608	Reinado de Joacaz	2 Re. 23:31	3400
608	Reinado de Joacim	2 Re. 23:36	3400
		Jer. 25:1	
605	Reinado de Nabucodonosor		3403
597	Reinado de Joaquín	2 Re. 24:8	3411
597	Cautiverio de Joaquín	2 Re. 24:8,12	3411
586	Destrucción del templo	2 Re. 25:8,9	3422
527	70 años de cautiverio	2 Crón. 36:21	3481
456	Decreto construir el templo		3552
6	Nace Juan el Bautista y Cristo		4002

(d. C.)

25	Bautismo de Cristo	4032
28	Muerte de Cristo	4035
70	Destrucción del templo	4077
1948	Israel como nación	5955
1957	Comienza la Comunidad Europea	5964
1965	6,000 años de historia (1993)	5972
1966	2,520 años de castigo (1994)	5973
1967	Concluye el tiempo de los gentiles (1995)	5974
1967	2,000 años desde el nacimiento de Cristo (1995)	5974
1968	Jubileo número 69 (1996)	5975
2018	Jubileo número 70 (2046)	6025

Fiestas importantes

1. La Pascua: En el mes de Abib ó Nisan (Abril) era el mes primero del pueblo judío y durante este mes se celebraba la pascua. El 14 de este mes se sacrificaba el cordero.

"Habló Jehová a Moisés y a Aarón en la tierra de Egipto, diciendo: Este mes os será principio de los meses; para nosotros será éste el primero en los meses del año. Hablad a toda la congregación de Israel, diciendo: En el diez de este mes tómese cada uno un cordero según las familias de los padres, un cordero por familia. Y lo guardaréis hasta el día catorce de este mes, y lo inmolará toda la congregación del pueblo de Israel entre las dos tardes." (Éxodo 12:1-3,6). "Y Moisés dijo al pueblo: Tened memoria de este día, en el cual habéis salido de Egipto... Vosotros salís hoy en el mes de Abib (Abril)." (Éxodo 13:3-4).

Vemos que esta fiesta tuvo su cumplimiento en la muerte de Jesús:

Entrada triunfal

Tomando como partida la entrada triunfal que se celebra el domingo como el día número diez del mes de Abib, que era cuando se tomaba el cordero por familia.

Entrada triunfal	Marcos 11:11	Domingo
Maldijo la higuera	Marcos 11:12	Lunes
Llegó la noche del lunes	Marcos 11:19	
Y pasando por la mañana	Marcos 11:20	Martes
Dos días después (Pascua)	Marcos 14:1	Jueves

Cristo fue el cordero inmolado

"Limpiaos, pues, de la vieja levadura, para que seáis nueva masa, sin levadura como sois; porque nuestra pascua, que es Cristo, ya fue sacrificada por nosotros" (1 Corintios 5:7).

Se seleccionaba el 10 del mes de Abib y se debía de guardar hasta el día 14 cuando sería inmolado. (Éxodo 12:6).

El pueblo de Israel contaba los días desde las 6:00 p.m., es decir que la entrada triunfal que fue el domingo era el día diez cuando sería tomado el cordero.

Domingo 10
Lunes 11
Martes 12
Miércoles 13
Jueves 14

Cristo murió el jueves 14 de Abib a las 3:00 de la tarde aproximadamente. Entre las dos tardes (Lucas 23:44 y Marcos 15:34), la hora novena, las tres de la tarde.

Crucificado	Marcos 15:25	9:00 de la mañana
Tinieblas	Marcos 15:33	12:00 del mediodía
Muerte	Marcos 15:34, 37	3:00 de la tarde

¿Cuál Sábado siguió a la crucifixión?

"Cuando llegó la noche, porque era la preparación, es decir, la víspera del día de reposo" (Marcos 15:42). "Era día de la preparación y estaba para comenzar el día de reposo" (Lucas 23:54). "Entonces los judíos, por cuanto era la preparación de la pascua, a fin de que los cuerpos no quedasen en la cruz en el día de reposo (pues aquel día de reposo era de gran solemnidad)" (Juan 19:31).

Este día de reposo o sábado de gran solemnidad era uno de los días santos anuales. El día después de la pascua tuvo un sábado anual.

La pascua se cumplió en Jesucristo: Cristo es nuestra pascua

Eventos:

Entrada triunfal	10 de abril	Domingo
Muerte de Cristo	14 de abril	Jueves 3:00 pm
Resurrección	17 de abril	Domingo
Ascensión	26 de mayo	Jueves
Pentecostés	6 de junio	Domingo

Levítico 23:5	Pascua
Levítico 23:10-12	Resurrección
Levítico 23:15-16	Pentecostés

La Cronología Bíblica

2. La ofrenda de la gavilla y Pentecostés

"Habla a los hijos de Israel y diles: Cuando hayáis entrado en la tierra que yo os doy, y seguéis su mies, traeréis al sacerdote una gavilla por primicia de los primeros frutos de vuestra siega. Y el sacerdote mecerá la gavilla delante de Jehová, para que seáis aceptos; el día siguiente del día de reposo la mecerá... Y contaréis desde el día que sigue al día de reposo, desde el día en que ofrecisteis la gavilla de la ofrenda mecida; siete semanas cumplidas serán. Hasta el día siguiente del séptimo día de reposo contaréis cincuenta días; entonces ofreceréis el nuevo grano a Jehová" (Levítico 23:10-16).

Cristo murió el 14 de Abib, tres días después resucitó de los muertos. El domingo Cristo resucitó, Él fue la gavilla presentada a Jehová. "Mas ahora Cristo ha resucitado de los muertos; primicias de los que durmieron es hecho" (1 Corintios 15:20). Ya la Biblia había establecido que la resurrección sería un domingo (Levítico 23:11). Cristo resucitó, ascendió al cielo luego de estar 40 días apareciéndosele a los discípulos (Lucas 1:3). Diez días después, en la fiesta de Pentecostés, vino el Espíritu Santo. (Levítico 23:16).

Vemos que todas estas fiestas judías tuvieron su cumplimiento en Jesús.

3. El año del jubileo

"Y contarás siete semanas de años, siete veces siete años, de modo que los días de las siete semanas de años vendrán a ser de cuarenta y nueve años. Entonces harás tocar fuertemente la trompeta en el mes séptimo a los diez días del mes (octubre); el día de la expiación haréis tocar la trompeta por toda vuestra tierra. Y santificarás el año cincuenta, y pregonaréis libertad en la tierra a todos sus moradores; ese año os será de jubileo y volveréis cada uno a vuestra posesión, y cada cual volverá a su familia" (Levítico 25:8,9).

Los años del jubileo comenzarán a contar cuando el pueblo de Israel entrará a la tierra prometida (Levítico 25:12). El día del jubileo que era de cada 50 años caería el 10 de octubre, el cual era el día de la expiación (Levítico 23:24-27). El pueblo de Israel entró a la tierra de Canaán en el 1455 a. C. Por tanto, el jubileo número 69 que equivale a 3,450 años (50 x 69 = 3,450), se cumplió en el 1968 d. C.

1455 a. C.	1 a. C.	=	1454
1 d. C.	1995 d. C.	=	1996
			3450

Pero como el reloj de Dios que es de 360 días cada año tiene una diferencia de 5 días por año, comparado con el actual que es de 365 días. Fue bajo el imperio romano que se comenzó a contar los años de 365 días, aproximadamente en el año 50 a. C.

Lo que queremos decir es que en la actualidad en el calendario de Dios de 360 días cada año comparado con nuestro calendario de 365 cada año, hay una diferencia aproximadamente de 28 años. El calendario de Dios está más adelantado que el actual.

Ejemplo: el año dos mil d. C. en el reloj de Dios fue en el 1972, veintiocho años antes que el nuestro. El año dos mil nuestro es el año 2,028 del reloj de Dios.

El jubileo número 69 fue en el 1996 de nuestro reloj actual. Pero como existen veintiocho años de diferencia, hay que restarle al 1996 los 28 años.

Actual (365 días/año)   Reloj de Dios (360 días/año)
Ejemplo: 1996   - 28 = 1968

El jubileo número 70 será en el año 2018 de nuestro calendario actual, la fiesta de jubileo es liberación total y ésta se celebra el 10 de octubre conforme al calendario judío.

El año de los israelitas

Mes	Corresponde
1. Nisan (Abib)	marzo – abril
2. Iyor (Ziv)	abril – mayo
3. Siván	mayo – junio
4. Tomuz	junio – julio
5. Ab	julio – agosto
6. Elul	agosto – septiembre
7. Tisri	septiembre – octubre
8. Hesvan	octubre – noviembre
9. Kislek	noviembre – diciembre
10. Tebet	diciembre – enero
11. Sebat	enero – febrero
12. Veadar	febrero – marzo

El día – el día se compone del tiempo que la tierra emplea en dar una vuelta alrededor de su eje, o lapso que aparentemente emplea el sol en dar una vuelta alrededor de la tierra. El día se compone del tiempo diurno y el tiempo nocturno, un total de 24 horas. El periodo diurno, que tiene 12 horas, se le llama día. El periodo de 12 horas de oscuridad se le llama noche.

Los judíos comenzaban el día de 6 a 6. Desde las 6 de la tarde comenzaba el nuevo día.

El mes – cada una de las doce partes en que se divide el año. Los judíos contaban los meses de 30 días.

El año – tiempo que transcurre durante una revolución real del eje de la tierra en su órbita alrededor del sol. Los judíos, sus meses eran de 360 días (30 días x 12 meses = 360 días).

Bibliografía

Anderson, Robert. El Príncipe que ha de Venir. Décima
     Edición. Traducido por Santiago Escuain.
     Grand Rapids, Michigan: Editorial Portavoz,
     1984.

Barclay, William. Comentario al Nuevo Testamento.
     Segunda edición. Traducido por Alberto Araujo.
     Barcelona, España: Editorial Clie, 2006.

Calderón, Wilfredo. Daniel, Un Mensaje Profético.
     Miami, Florida: Senda de Vida Publishers,
     2001.

Evans, Mike. Jerusalén Traicionada. Traducido por
     Miguel A. Mesías. Nashville, Tennessee:
     Editorial Caribe, 1997.

Hagee, John. Cuenta Regresiva a Jerusalén. Traducido
     por Grupo Nivel Uno, Inc. Lake Mary, Florida:
     Casa Creación, 2006.

Henry, Matthew. Comentario Bíblico. Traducido por
    Francisco Lacueva. Barcelona, España:
    Editorial Clie, 1999.

Hitchcock, Mark. ¿Quién es el Anticristo? Traducido
    por Daniel Menezo. Grand Rapids, Michigan:
    Editorial Portavoz, 2013.

Lindsey, Hal y C. C. Carlson. La Agonía del Gran
    Planeta Tierra. Tercera edición. Traducido por
    M. Francisco Lievano R. Maracaibo,
    Venezuela: Editorial Libertador, 1972.

Van Kampen, Robert. La Señal. Traducido por Serena
    Myers. Miami, Florida: Editorial Unilit, 1996.

Van Kampen, Robert. El Rapto. Traducido por Robert
    Myers y Serena Woodruff. Miami, Florida:
    Editorial Unilit, 1997.

White, Elena G. El Gran Conflicto. Mountain View,
    California: Publicaciones Interamericanas,
    1954.

Woodrow, Ralph. Las Grandes Profecías de la Biblia.
    Traducido por Wrightway Translators.
    Springfield, Massachusetts: 1985.

Made in the USA
Lexington, KY
26 October 2019